Wenn der Pflegedienst drei Mal klingelt

Ines Reichel

Die Liebe zur Arbeit und die Hingabe an sie scheinen mir die Basis des Glücks zu sein.

Gerty Cori

Ines Reichel

Wenn der Pflegedienst drei Mal klingelt

Geschichten aus dem Alltag einer ambulanten Pflegekraft mit Herz und Seele

DeBehr

Herausgeber: Verlag DeBehr, Radeberg
Erstauflage: 2022
ISBN: 9783987270284
Umschlaggrafik Copyright by AdobeStock by Robert Kneschke

Für meine Mama

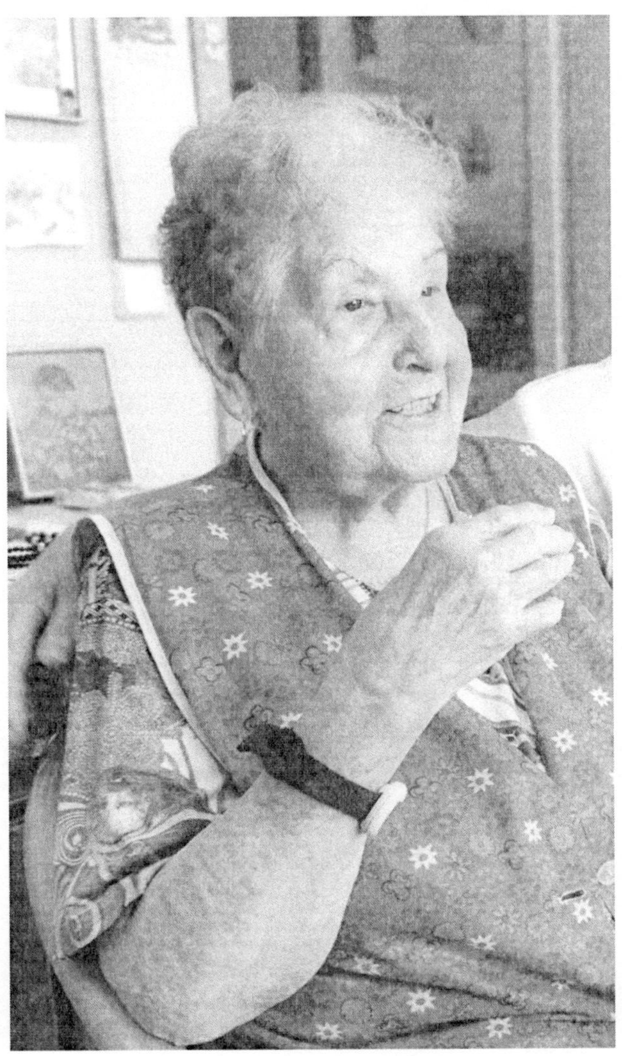

Inhalt

Warum Geschichten vom Arbeiten?

Unendlich viele Begegnungen finden jeden Tag zwischen den Menschen statt. Diese Begegnungen können alles sein: gewollt, ungewollt, nett, beglückend, zerstörerisch, verzichtbar, banal, lang erwartet oder befürchtet …
Unsere Arbeit bedeutet Begegnung, am liebsten von beiden Seiten gewollt. Sie ist der Ausgangspunkt.
Jede Begegnung ist Kommunikation, verbal oder nonverbal. Wir können nicht zu einem Klienten gehen und dabei nicht kommunizieren, das geht einfach nicht. Sowie die Tür vor uns aufgeht, beginnt die Kommunikation. Wir sagen was über uns aus noch vor dem ersten Wort und von unserem Gegenüber machen wir uns ein Bild. Der erste Eindruck. Für den es keine zweite Chance gibt.
In unserem Beruf haben wir häufig die Gelegenheit für den ersten Eindruck – den ersten Eindruck von uns zu vermitteln und den ersten Eindruck zu gewinnen vom Klienten oder Angehörigen.

Natürlich strebe ich an, Vertrauen und Kompetenz zu erwecken.
Werde ich als vertrauenswürdig eingestuft von meinem Gegenüber, kommt es zu Gesprächen. Klar, wir reden darüber, wie es der Klientin geht und bewerten unsere Maßnahmen. Darüber hinaus entstehen Gespräche anderer Art, die oft Intimes enthüllen oder auch Lebensgeschichten.
Das Leben ist so vielfältig wie die Menschen, die sie durchleben. Interessant und beeindruckend. Irgendwann gehen die Menschen und ihre Geschichten mit ihnen. Das finde ich sehr schade, darum habe ich mir gedacht: Ein bisschen von dem Menschen bleibt, wenn seine Geschichte erzählt wird. Sie sind oft kurz, aber ausdrucksstark, sie zeigen einen Moment aus dem Leben. Er kann lustig oder traurig sein, auf jeden Fall ist er bezeichnend für diese Person.
Bei meiner täglichen Arbeit erlebe ich oft interessante Gespräche, die sich bei der Tätigkeit ergeben. Irgendwann dachte ich,

das ist zu schön, als dass ich es allein erlebe und niemand erfährt sonst davon.
Episoden, die berühren oder Gespräche, die interessant und lebensklug sind, machen diesen Beruf zu etwas Besonderem.

Und so ist es kein Wunder, dass trotz der widrigen Umstände, die unseren Beruf kennzeichnen, sich viele Pflegekräfte verbunden fühlen – zum einen mit den Patienten und zum anderen mit den Kolleginnen, es existiert ein Band zwischen allen.

Doch wie bei allen Themen und Bereichen kommt es auf den Fokus an. Das ist für mich das Entscheidende zwischen Lust und Last.
Es ist nicht so, dass ich die Schwere dieser Arbeit herunterspielen will. Es gibt Tage und Situationen, die einem alles abfordern und uns auch an die Grenzen bringen. Tatsächlich gibt es unangenehme Arbeiten und unangenehme Menschen, die man privat nie treffen würde. Da hilft wieder unsere

Professionalität – Fokus auf die Arbeit, erledigen und verabschieden. Das klingt jetzt leichter gesagt als getan. Doch ich glaube, dass jede Tätigkeit ihre Schattenseite hat, etwas was dazu gehört, wozu man eigentlich keine Lust hätte …

Wenn ich morgens im Auto sitze und durch die Stadt fahre, sehe ich Müllautos, Bäckerläden und andere Geschäfte, Taxifahrer und denke darüber nach, mit wem ich gern tauschen würde. Ich denke auch an Anwälte, Büroangestellte und was mir so einfällt. Dann freue ich mich, dass ich in meinem Auto sitze und eine Arbeit habe, die mich ausfüllt und erfreut. Nein, ich möchte mit niemandem tauschen, das ist genau mein Ding – mit Höhen und Tiefen.

Meine Patienten kenne ich oft schon seit Jahren. Es interessiert mich, wie ihre Krankheit verläuft, wie sie mit der Situation umgehen, wie die Interaktionen in der Familie aussehen. Sie interessieren mich als Klienten und als Menschen.

Manchmal begleiten mich Schüler. Sie sind

mehr oder weniger motiviert. Für mich ist es ein Anliegen, ihnen zu zeigen, dass Arbeit Spaß machen kann und sollte. Hier spielt für mich wieder der Fokus eine Schlüsselrolle. Wenn ich mich morgens auf das fokussiere, was mir Freude machen wird, worauf ich gespannt bin, kann der Tag schon ganz anders beginnen, als wenn ich an einen Berg voll Arbeit denke, der schwer zu bewältigen sein wird.

Ich bin überzeugt davon, dass man Freude an der Arbeit trainieren kann und dass dies unbedingt in den theoretischen Lehrstoff gehört. Das hat Dimensionen, die bis in die weite Zukunft weisen.

Diesen Gedanken versuche ich im Gehirn der Schüler zu verknüpfen und wenn es mir bei einem gelingt, hat der schon für seine Zukunft mehr Widerstandskraft als andere – vielleicht. Soweit meine Überzeugung.

Darum war es mir ein Bedürfnis, schöne oder besondere und auch banale Erlebnisse aus meinem Berufsalltag anderen zugänglich zu machen. Ob es Schüler, Kolleginnen oder einfach nur Leser sind, erscheint mir unwichtig. Wichtig ist mir, auszudrücken, dass wir keine bemitleidenswerten Schwestern sind, die unterbezahlt und unterprivilegiert sind und immer überlastet mit wenig Zeit.

Nein, in der Regel lieben wir unseren Beruf, können den Alltag managen, damit jeder zu seinem „Recht“ kommt und arbeiten professionell, weil wir es können!

Trotz allem ist Klatschen auf Balkons nicht der reelle Gegenwert, wir erwarten schon einen angemessenen Lohn für unsere Leistung. Aber das ist selbstverständlich, oder?

Berufswahl

Meist entscheidet man sich jung, unerfahren und mit vielen Illusionen für einen Beruf. Schon als Kind träumt man sich gern in Figuren, die imposant, schön oder erstrebenswert erscheinen.

Bei mir wurden in der Schule schon früh Listen herumgereicht, in die man seinen Berufswunsch eintragen konnte. Dieselbe Liste machte mehrere Jahre nacheinander die Runde und meist wechselte der Berufswunsch innerhalb eines Jahres. Bei mir standen solche Dinge wie Erzieherin und Journalistin auf der Liste.

Die Wirklichkeit sieht oft ganz anders aus, so auch bei mir. Nichtsdestotrotz wurde mein erster Beruf mein Traumberuf. Ich wurde Stellwerksmeisterin auf einem Rangierbahnhof, weil mich die Technik und dir tonnenschweren Waggons, die auf ihrem Schienenweg kaum zu bremsen waren, total beeindruckten. Ich wollte sie auch lenken, Lokführern und Zügen Signale ge-

ben und so ein Rädchen im großen Uhrwerk sein. Ich übte diesen Beruf jahrelang mit Begeisterung aus.
Mein Weg in die Pflege war nicht ganz so romantisch. Er lief über das Arbeitsamt. Tenor: das (Altenpflege) oder nichts. So etwa verlief mein persönliches Gespräch auf dem Amt mit dem Thema Umschulung. Ich will auf keinen Fall sagen, dass beim Arbeitsamt keine Beratung stattfindet, doch bei mir lief es so ab. Ein 5-Minuten-Beratungsgespräch: entweder oder.
Der charmanten Auswahl konnte ich nicht widerstehen und wagte mich ohne jede Vorstellung in die Altenpflege. Ich hatte keine blasse Ahnung – weder von Alten noch von Krankenpflege. Diese Alternative traf mich aus heiterem Himmel. Ob ich das kann?
Doch das Glück war mir weiterhin hold, ich wagte mich in dieses fremde Feld, denn ich wollte keine Hilfskraft auf ewig sein. Interessanterweise wurde ich hauptsächlich von Hilfskräften inspiriert. Examinierte

Fachkräfte waren zu dieser Zeit noch Mangelware und so lernte ich eben von den Pflegehelferinnen. Sie gingen mit den alten Menschen so liebevoll um, dass ich mir wünschte, das auch so zu können. So wurde mein jetziger Beruf zu meinem Traumberuf und ich legte das Examen mit Erfolg ab.
Auch noch nach vielen Jahren der Praxis an verschiedenen Orten – stationär oder ambulant – bin ich überzeugt, den schönsten Beruf zu haben.
Allerdings mit dem Träumen ist das so eine Sache … man wacht wieder auf und landet in der Realität. Das kann holprig und auch schmerzhaft werden.
Seitdem ich denken kann, gibt es das geflügelte Wort, dass Theorie und Praxis weit auseinander klaffen. Ich vermute, dass man dies für die meisten Berufe geltend machen kann. Zuerst lernt man den Idealfall und in der Praxis ist vieles mehr am Bedarf orientiert. Das bedeutet, dass man mit Toleranz und Augenmaß deutlich einfacher in einen

fließenden Alltag findet. Den Spielraum muss jeder selbst für sich herausfinden, denn man verantwortet jederzeit sein Tun.
Das Schöne für einen Berufseinsteiger ist, dass er sich ein Vorbild im Kollegenkreis suchen kann, bei dem er versucht, es ihm gleichzutun. So kommt man gut in die Praxis und erlangt Erfahrung. Im Team hat man die Möglichkeit, sich auszutauschen. In diesem geschlossenen Kreis kann man seine Sorgen und Unsicherheiten loswerden. Die Schweigepflicht bietet die nötige Sicherheit. Probleme im Team zu besprechen, vermittelt ein angenehmes Wir-Gefühl und jeder profitiert von dem Gedankenaustausch.
Natürlich können Probleme auftauchen, mit denen man nicht gerechnet hat. Sie können ganz unterschiedlicher Natur sein: Etwa dass man sich im Team nicht wohlfühlt, Differenzen mit Führungspersonen hat oder auch ganz andere Vorstellungen vom Arbeitsalltag.
Viele Differenzen kann man in Gesprächen

beilegen. Mitunter hilft es, die Perspektive zu wechseln und seine eigene Sichtweise zu korrigieren. Manchmal hilft eine Versetzung in einen anderen Bereich oder auf eine andere Station, Einrichtung. Manchmal muss es eine Kündigung sein. Im schlechtesten Fall verlässt man diesen Beruf wieder. Jeder Mensch sollte sich an seinem Ort heimisch fühlen.

Diese Entscheidungen sind oft schwierig, weil man zu dem Zeitpunkt der Entscheidung in einer Krise steckt. Hier ist es wichtig, ehrlich für sich herauszufinden, wo genau das Problem steckt und auf welchem Weg eine positive Änderung für sich herbeigeführt werden kann. Kollegen, Freunde und Verwandte könnten hier Hilfestellung geben.

Von Stelle zu Stelle zu wechseln, um festzustellen, dass es den idealen Arbeitsplatz nicht gibt, ist sehr ungünstig. Nicht nur für die Biographie sieht das nicht vorteilhaft aus, sondern auch für sich selbst, weil man immer wieder feststellen würde, dass es

genauso schlimm ist wie vorher. Eine sich selbst erfüllende Prophezeiung. Die Freude am Beruf geht flöten …
Anzuraten wäre hier, sich selbst klarzuwerden, was einem besonders wichtig ist und andere unschöne Dinge zu tolerieren. Möglicherweise könnte man selber eine Änderung mit Kompromissen herbeiführen. Sich einzubringen ist empfehlenswert, denn es bedeutet auch mitzugestalten und Anerkennung zu finden – bedeutet Freude an der Arbeit durch Mitverantwortung.
Die Einsicht, lebenslang zu wachsen, sich zu entwickeln und mitzugestalten, kann Kräfte freisetzen und gleichzeitig beruhigen. Der Weg, den wir gehen, kann verdammt stürmisch werden, aber an jeder Hürde, die wir nehmen, wächst das gute Gefühl, auf dem richtigen Weg zu sein und etwas zu bewegen.

90. Geburtstag - Januar 2019

Schon lange betreue ich Frau B. Sie ist 91 Jahre alt und lebt mit ihrem etwa gleichaltrigen Mann in ihrem schönen Haus mit einem Garten. Meine Aufgabe ist es, Frau B. 2 x in der Woche zu baden.
Es macht Freude, gewisse Rituale gemeinsam zu entwickeln. Alte Leute mögen Veränderungen nicht mehr so. Ein Stil, bei dem man Schritt für Schritt folgen kann, weil man weiß, was als Nächstes kommt, wird gern angenommen. Nebenbei stärkt diese Routine auch mich als Pflegekraft, sie hilft dabei, nichts zu vergessen, wie z. B. Hörgeräte zu entnehmen, Brille zu putzen, eine bestimmte Reihenfolge beim Anziehen u. ä. Überdies gibt es eine Pflegeplanung, in der der Pflegeablauf beschrieben ist. Alle Pflegekräfte arbeiten nach dieser Anleitung. Sie ist Teil der Dokumentation, mit der wir arbeiten.

Natürlich freut sich auch jeder Patient, wenn immer wieder dieselbe Pflegekraft zur etwa gleichen Zeit zu ihr kommt. Das

ist nicht in jedem Fall realisierbar, aber doch häufig einzurichten.
Irgendwann werden die Gespräche vertrauter. Frau B. redet über die Familie, über Dinge, die sie stören oder aufregen oder auch freuen. Sie weiß, niemand sonst erfährt davon.

Seit einiger Zeit wird auch der Ehemann von uns (der Sozialstation) betreut. Ihm wurden Zehen an beiden Füßen amputiert, weil sie nicht mehr durchblutet waren. Diese Wunden müssen versorgt werden. Er wird auch gewaschen und mit Medikamenten durch uns versorgt. Am Anfang war er sehr skeptisch und deprimiert über den Verlust der Zehen. Er ließ sie erst amputieren, als sein Leben in Gefahr war. Nach einem längeren Krankenhaus- und anschließend Heimaufenthalt kam er wieder nach Hause. Der Versuch, die Ehefrau für den Heimeintritt zu begeistern, war gescheitert. Und in meinen Augen zurecht, denn sie haben ein großes Haus. Es bietet genug Platz für Hilfsmittel. Das Ehepaar ist finanziell gut abgesichert, um sich die benötigte Hilfe von außen leisten zu können. Und sie haben sich.

Während die Ehefrau das Beste aus der Situation machte, haderte der Ehemann mit seinem Schicksal. Die Perspektiven machten ihm Angst, er sah keine Zukunft … Schließlich und endlich hatte er Angst vorm Sterben. Andererseits wünschte er sich, nicht mehr aufzuwachen. Auf meine Frage, wie alt er ursprünglich werden wollte, antwortete er, dass er immer alt werden wollte. Doch so hatte er sich das Leben aber nicht vorgestellt … mit diesen Einschränkungen.

Ich kontaktierte mehrfach seine Hausärztin, um sie zu informieren und ggf. eine Lösung für ihn zu finden. Das war nicht einfach, weil man eben mit Tabletten nicht alles regeln kann, vor allem nicht mit einem geschädigten Herzen. Nichtsdestotrotz

bemühte sie sich sehr um ihn, favorisierte aber auch wie die Angehörigen die Heimvariante. Aus ihrer Sicht vielleicht verständlich, denn sie fürchtete Stürze in der Wohnung bei fehlender Aufsicht durch Fachpersonal, vor allem nachts.
Immerhin konnte sie erfolgreich seinen Blutdruck korrigieren.

Der 90. Geburtstag stand an. Der Bürgermeister hatte sich angesagt, die Verwandtschaft, alte Freunde, Weggefährten ... Ihm war Angst und Bange – war für ein Stress!!

Der Tag rückte näher. Am Tag vorher pflegte ich ihn besonders gründlich, wusch seine Haare, sorgte für frische Verbände für die Füße, Sachen zum Bekleiden. Blutdruck soweit o. k.
Die Ehefrau frisch gebadet, die Haare frisiert, alles o. k. Aufgeregt waren beide.

Am Tag nach dem Geburtstag bin ich wieder zum Einsatz gefahren und fragte nach,

wie es denn gewesen sei. Sehr stressig, war die Antwort. Es kamen so viele Gratulanten, viel mehr als geplant. Aber ich sah ein Lächeln, ganz zart. Sie hatten wohl schöne Begegnungen und waren sicher auch teilweise gerührt ob der Aufmerksamkeit.
Ich fragte, ob der Bürgermeister wirklich da war. Freilich, sagte er. Er würde ihn kennen, war sogar mit seinem Vater zusammen in die Schule gegangen. Alte Kumpels quasi.

Er schien wesentlich entspannter, so als wenn sich nach dem Knacken der 90-Jahre-Grenze die Angst aufgelöst hätte. Ich freute mich sehr darüber.

Nach getaner Arbeit kam Frau B. um die Ecke, lächelte schelmisch und meinte, da ich ja mit ihm gestern nicht anstoßen konnte, gibt sie mir den Sekt mit, damit ich es zu Hause in Ruhe nachholen könnte. Ich sagte ihr, dass ich das sehr gern tun würde und verließ die beiden, erfreut über die angenehme Wendung.

Zu Hause nahm ich die Flache aus der Tüte und holte eine Flasche Champagner hervor
…
Zum Wohl!

Bis ins Private hinein

Lange Zeit versorgte ich einen Mann. Genauer gesagt ein Ehepaar. Die Ehefrau war sehr freundlich mit einem großen Redebedürfnis und sie managte das Leben von sich und ihrem Mann. Sie führte die Kommunikation mit Arzt, Apotheke, Sozialstation und allen Stellen, die in ihrer beider Leben vorkamen. Durch ihre Erfahrungen und sicher auch aufgrund ihrer Ängste und Befürchtungen hat sie sich einen energischen, wenig Raum für Widerspruch lassenden Stil angewöhnt. Ihr Mann hatte sich in die passive Rolle hineingelebt, offensichtlich mit großem Einverständnis. Mein Auftrag hieß „Steriler Verbandswechsel an beiden Beinen“. Nach einer langen schmerzhaften Geschichte, die schließlich in eine Operation mündete, wurde der Mann mein Patient zum täglichen Verbinden seiner großen Wunden an beiden Beinen. Es war eine schwierige Aufgabe, denn es bestand die Gefahr einer Infektion, die im schlimmsten Fall zur Amputation führen konnte. So gestaltete sich die Ausgangssituation, die auch für eine gestandene Pflegekraft eine Herausforderung darstellte.

Der erste Anblick seiner beiden Beine erschreckte mich, das Ausmaß der Wunden überstieg alles, was ich bis dahin gesehen hatte. Wundversorgung war natürlich alltäglich für mich und auch der Anblick von Wunden, der nicht immer angenehm war. Mein Patient hatte deutlich mehr zu bieten. An beiden Beinen, an den Innenseiten, sind ihm Venen herausoperiert worden, die lange tiefe Krater hinterließen mit zusätzlichen Wunden in verschiedenen Tiefen, die schon davor entstanden waren und nicht heilen wollten. Praktisch waren die Innenseiten seiner beiden Beine von oben bis unten eine breite und tiefe Wunde mit unregelmäßigen Wundrändern, weil ja zusätzliche kleine Wunden um das ganze Bein herum vorhanden waren. Keine schöne Angelegenheit, noch dazu mit ungünstiger

Prognose. Pflege ist eben manchmal Mutprobe! Doch getreu dem Motto: Dem Mutigen gehört die Welt (!) gibt es nur einen Weg, und zwar den nach vorn. Ich übernahm diese Aufgabe als verantwortliche Pflegekraft mit allen Konsequenzen.

Bevor ich allerdings das Vertrauen meines neuen Patienten genießen durfte, musste ich an der Ehefrau vorbei … Das heißt, ihr musste ich beweisen, dass ich vertrauenswürdig war und es verdiente, ihren Mann professionell zu versorgen. Natürlich nach ihren Vorgaben und ihrem Rhythmus. Das kann schon etwas schwierig (nervig) sein … Doch hier ist tatsächlich Professionalität gefragt, um die geforderten Abläufe (Wundverbände an beiden Beinen) einzubetten in die familiären Wünsche und Forderungen, sodass beide Parteien zufrieden sind und die Behandlung erfolgreich ist … und schließlich die Krankenkasse bezahlt, denn sie redet ein gewichtiges Wort mit.

Vor jedem Besuch wusste ich, dass der vorgesehene Zeitrahmen (vorgegebene, genormte d. h. durchschnittliche Zeiten von der Sozialstation, um bestimmte Tätigkeiten auszuführen) gesprengt werden würde. Da die Wunden in einer sensiblen Phase waren und große Sorgfalt und Hygiene erforderten, war es unmöglich, die Zeit nicht zu überziehen. Natürlich war die Situation auch dem Betrieb bekannt und die Arbeit wurde passend in die Tagestour eingebaut. Meine Chefin führt die Erstgespräche mit den Kunden und kennt die Situation ganz genau. Transparenz ist immer Voraussetzung für eine gute Tourenplanung und ein angenehmes Arbeitsklima an sich.

Wenn ich in die Wohnung des Ehepaares kam, wurde ich intensiv begrüßt und über Dinge informiert, die sich seit dem letzten Besuch ereignet hatten. Es war die Zeit, in der ich die Vorbereitungen für meine konzentrierte Arbeit traf, also Desinfektions- und Verbandsmittel bereitlegen, zur Nutzung vorbereiten, sodass hygienische Arbeitsbedingungen geschaffen waren, die einen fließenden Arbeitsstil ermöglichten. Viele Kompressen, Wundauflagen, Binden, Desinfektionsmittel etc. waren vorzubereiten. Die Mülltüte war schnell von den alten Verbänden gut gefüllt, eine wirklich aufwändige Arbeit: Ablösen alter Verbände, Säubern und Desinfizieren der Wunden, Wundbeobachtung und -bewertung, Wundbehandlung nach ärztlicher Anordnung, Abdeckung der Wunde und schließlich Fixierung, damit der Verband nicht verrutscht und so zur Gefahr wird.

Das Vertrauen der Ehefrau in mich wuchs – (seines hatte ich längst gewonnen) und die Menge der Infos auch, eben wegen der intimen Details. Ich kannte inzwischen alle Angehörigen und ihren Status in den Augen der Ehefrau. Auch über Expartner war ich im Bilde, besonders die Exfrau des Ehemannes und ihren Einfluss auf die Ehe des heutigen Paares. Doch unter den oben genannten Voraussetzungen verlief die Arbeit in angenehmer Atmosphäre – Mit Rücksicht auf die Wünsche der Ehefrau, setzte ich dann meine Fachkenntnisse konsequent bei der Wundversorgung ein. Ich musste schon sehr konzentriert arbeiten, gut beobachten und bewerten, was ich sah in den Wunden, um wirksam handeln zu können. Das hieß für mich, zeitweise – fokussiert auf die Wunde zu achten – alles andere auszublenden. Nach vollendeter Arbeit besprachen wir jeweils zu dritt den Ist-Zustand der Beine. Anfangs stand immer die bange Frage im Raum, ob mein Patient seine Beine behalten würde. Von meiner Zuversicht war ich zuerst nicht vollends überzeugt, war aber weit davon entfernt, Negativnachrichten vor der Zeit zu eröffnen. Alle Infos auch von und zu Ärzten und Therapeuten konnten so ausgetauscht und beachtet werden. Es war stets ausreichend Verbandsmaterial vor Ort, denn die Ehefrau besorgte frühzeitig, was immer ausgehen würde. Wir hatten in kurzer Zeit eine angenehme Dynamik erreicht, die zu fruchtbarer Arbeit führte.

Mein Patient fühlte sich gut umsorgt, er lobte seine Frau immer wieder überschwänglich, danach auch mich. Dass seiner Frau die Rolle als Dirigentin gefiel, versetzte sie in gute Stimmung und das wiederum ihn. Auch ich sah mich als Gewinnerin dieser Konstellation. Ich wollte einer Besserung seines Zustandes und ferner Abheilen seiner Wunden erreichen. Die Zugeständnisse an die Ehefrau machte ich gern, sprachen sie doch schließlich auch von Entscheidungsfähigkeit. Mein spezieller Bereich – die Versorgung der Wunden – war nicht berührt davon, dafür sorgte ich unzweifelhaft. Ich befand mich im intimsten Lebensraum der Eheleute in ihrer Wohnung. Das zeichnet ambulante Pflege aus. Man befindet sich nicht im Krankenhaus oder in der Arztpraxis, wo vom Hausrecht bis zum Prozedere alles anders und eben institutionalisiert ist, sondern im privaten Raum mit eigenen Regeln. Das zu akzeptieren ist für mich die Grundlage des guten Gelingens jeder pflegerischen Aufgabe. Genau dies macht auch den Reiz der häuslichen Pflege aus: neues Haus, neue Welt.

Es war kein Wunder, dass wir ausgezeichnet miteinander zurechtkamen und eine positive Wirkung entstand. Tatsächlich wurden die Wunden kleiner, sie waren nicht entzündet, der kritische Punkt war überwunden. Es wurde immer besser. Die Waage schlug aus in Richtung Heilung, wir konnten alle aufatmen, erst verhalten dann aus tiefstem Herzen. Eine große Erleichterung ergriff uns. „Juchu, wir haben gewonnen!“

Der Prozess gestaltete sich anhaltend gut. Das Behandlungsintervall konnte verlängert werden. Es gab keine Rückschläge. Das war schon erstaunlich für die heikle Ausgangssituation, in der die Ärzte sehr ernst mit dem Ehepaar über eine mögliche Amputation des Beines geredet hatten.

Mein Patient hatte immer mal wieder diese mögliche Amputation oder sogar seinen Tod thematisiert. Er hatte Angst davor, genau wie seine Frau … und ich auch. Wir haben diese Varianten besprochen, doch jedes Mal entschieden abgewählt. Die Vorstellung, dass alles gut wird, war unsere Vision. Zuerst mit Bauchschmerzen meinerseits, doch zunehmend mit echtem Optimismus. Ich wusste, dass ich stolz sein konnte auf meine Arbeit. Der Zusammenhang bei der Wundversorgung ist besonders offensichtlich zwischen sauberer Arbeit und Wundheilung. Trotzdem gibt es noch andere Faktoren, die ebenso wichtig sind, z. B. Glauben an die Heilung, Vertrauen in die Pflegekraft, Wohlfühlen während der Behandlung …

Irgendwann waren die Beine tatsächlich und gegen jede Prognose verheilt und nur Narben zeugten noch von den schweren Zeiten des Patienten. Die Narbenpflege konnte natürlich niemand besser übernehmen als die Ehefrau. Wir haben eine Zeit lang zusammen gekämpft und gewonnen und nun war es Zeit für mich zu gehen …

Längere Zeit danach war ich meiner Freundin im Schlosspark in Schwetzingen zu einer Veranstaltung und wir hatten es uns gemütlich gemacht mit einem Gläschen. Es war sommerlich warm und viele Besucher genossen die Zeit in diesem schönen Ambiente.
Da kam ein Kellner zu uns und stellte uns Getränke an den Platz. Wir waren verdutzt und sahen den Kellner ratlos an, welcher mit der Hand auf ein wild gestikulierendes Pärchen in einiger Entfernung wies. „Die Getränke schickt Ihnen das Paar dort." Wir schauten in die angegebene Richtung und sahen schon die beiden aufgeregt auf uns zukommen: mein Ehepaar! Er im Rollstuhl und sie dahinter schob ihn angestrengt. Beide waren sehr elegant angezogen. Offensichtlich hatten sie Freude an dem Ausflug an diesen schönen Ort und auch an

den Blicken anderer Gäste, die ihre Eleganz wahrnahmen. Eben sehen und gesehen werden. Ein Stück Normalität, die den anstrengenden Alltag kurz vergessen und alten Glanz wiedererstehen lässt. Sie kamen kurz zu uns und die Freude bei mir war groß, denn offensichtlich ging es beiden noch sehr gut. Sie stellten sich formvollendet vor, damit meine Freundin auch im Bilde war. Und mein ehemaliger Patient unterrichtete meine Freundin eingehend darüber, dass ich ihm sein Bein gerettet hätte und er dafür sehr dankbar wäre. Seine Ehefrau erklärte meiner Freundin natürlich noch einmal ausführlich aus ihrer Sicht, was geschehen war und dass diese unerwartete Begegnung unbedingt das Genießen des Getränkes erforderlich machen würde. Sie drückten beide nochmals ihre Dankbarkeit mir gegenüber aus und gingen dann weiter.

Natürlich war ich hocherfreut über diese Begegnung. Ich hatte mich schon gefragt, wie es ihnen wohl ergangen war. Ihre ehr-

liche, überschwängliche Dankbarkeit und Lobpreisung machten mich stolz und verlegen. Aber dann eher stolz. Durch die gelungene Arbeit hatten beide wieder so viel Lebensqualität gewonnen, die einst am seidenen Faden hing.
Nachdenklich tranken wir unser wunderbares Getränk aus und stellten fest, dass jeder die Welt ein bisschen schöner machen kann.

Corona-Virus - März 2020

Schon Ende des Jahres 2019 wurde der Ausdruck Corona-Virus zur Schreckensvision. Zuerst ganz weit weg in China, konnten wir uns entspannt von der Ferne aus gruseln. Doch dann mussten wir einsehen, wie klein die Welt ist und dass wir alle Teil davon sind – in einem Raum. Das Corona-Virus kam näher … Südtirol, Spanien, Frankreich … Viele Menschen starben und die Angst begann real zu werden.
Nun auch bei uns: Erste Infizierte und die Politik reagierte. Schulen und Kitas mussten schließen. Dann wurden größere Veranstaltungen abgesagt, bald auch kleinere, schließlich alle. Plus Versammlungsverbot. Hamsterkäufe setzten ein mit dem Schwerpunkt Toilettenpapier und Mehl, sowie Konserven, Brot und was man so wegtragen kann …
Es schlossen dann auch Geschäfte, Bars, Kino, Schwimmbäder usw. – alles was nicht unmittelbar mit der Versorgung zu

tun hat. Das gesamte Sozialleben kam zum Erliegen. Auch privat war es verboten, sich in größeren Gruppen als zu zweit zu treffen. Familien und Wohngruppen ausgenommen. Es wurde gewarnt, mit Kindern Großeltern zu besuchen, weil sie oft Teil der Risikogruppe sind mit Vorerkrankungen. Lockdown – keine schöne Zeit.

Verreiste wurden heimgeholt, Reisen, egal wohin, abgesagt.

Homeoffice hieß das Wort der Stunde. Arbeit von zu Hause aus oder Kurzarbeit oder auch keine Arbeit mehr. Bescheinigungen vom Arbeitgeber, dass man auf der Straße sein darf.

Und alles auf unbestimmte Zeit! Das schürt Angst und legt Nerven blank.

Auch in unserer Sozialstation waren die Zeichen der Zeit zu spüren. Ein eben eingeräumter Schrank mit Händedesinfektionsmitteln und Mundschutz war über Nacht leergeräumt! Und natürlich war es niemand gewesen. Konsequenz: Desinfektion und Mundschutz gelangten unter Verschluss. Für die einen mehr Arbeit, für die anderen mehr Aufwand und mal eben erneuern ist nicht mehr. Im Auto liegengebliebene Sachen waren sogleich verschwunden. Die Kollegialität schien aufgehoben. Aber natürlich dürfen auch Pflegekräfte Angst haben. Immerhin gehören wir zu der Gruppe, die täglich noch viele Kontakte hat. Einen zu Pflegenden kann man unmöglich 1,5 m fernhalten. So gelten für uns verstärkte Hygieneanforderungen, Hände waschen, desinfizieren – noch gründlicher als vorher, Mundschutz tragen, auf Körperkontakt so gut es geht verzichten, z. B. auf Hände schütteln. Einige Klienten haben bereits abgesagt und wollen nicht mehr besucht werden im Moment. Die allermeisten können nicht mal daran denken, denn sie sind auf unsere Hilfe angewiesen. Viele Klienten fühlen sich an den Krieg erinnert, denn tatsächlich gab es seitdem solche Maßnahmen wie teilweise Ausgangssperren oder Hamsterkäufe nicht mehr. Erinnerungen an TBC oder an tagelanges Ausharren im Bunker kommen wieder an die Oberfläche. Das bringt einerseits Ängste mit sich, andererseits Gelassenheit im Bewusstsein, was sie alles schon überstanden haben.

Wir sind die Gruppe, die trotz aller Maßnahmen die Gefahr bringt, unbemerkt das Virus weiterzutragen. Irgendwann ist das Virus auch bei uns angekommen. Zuerst war es plötzlich in der Welt – weit weg, dann im Land, bald danach schon in der Stadt und irgendwann wird es unter uns sein. Was dann? Diese Frage kann heute noch niemand beantworten.

Bis dahin nehmen wir die Auflagen erst, halten auch im Kollegenkreis möglichst den gebotenen Abstand und versorgen unsere Klienten mit MNS (Mund-Nasen-Schutz) möglichst gut weiter.

Das Gespräch

Ein Besuch bei Patienten läuft in der Regel routiniert und unaufgeregt ab. Man weiß, wohin man gehen muss, wo die benötigten Mittel zu finden sind und wie der Patient reagiert.

Manchmal läuft es anders. Es gibt viele Gründe für Abweichungen. Diesmal war es ein Gespräch, das nicht alltäglich war.

Herr L. wird täglich zweimal besucht, um seinen Blutzuckerwert zu kontrollieren und ihm eine Insulininjektion zu verabreichen. Leider ist er eines Tages auch noch gestürzt und hatte sich mehrere Schürfwunden an den Armen zugezogen. Diese mussten regelmäßig versorgt werden, mit Verbänden.

Mir und meinen Kolleginnen war der ruppige Ton der Ehefrau dem Mann gegenüber schon länger aufgefallen. Kein freundliches Wort, indirekte Beschimpfungen wie: „Oh, hast du wieder nicht gehört, was die Schwester sagt!“ Oder sie weigerte sich, Verbandsmittel aus der Apotheke zu holen, die dringend benötigt wurden, obwohl er nicht mehr in der Lage war, das Haus zu verlassen. Sie ließ ihn zappeln, bis ich ihn direkt fragte, ob jemand anderer die Sachen besorgen könnte. Natürlich holte sie seine Verbandsmittel, nicht ohne über den Aufwand zu schimpfen, den es für sie bedeutete …

Als ich zu ihm kam und er allein war, weil die Ehefrau zur Apotheke gefahren war, fragte ich ihn, ob sie schon lange verheiratet wären. Er antwortete sofort, als wenn er Gelegenheit zu einer Erklärung suchte. „Seit 68 Jahren sind wir verheiratet und wir sind immer gut miteinander ausgekommen. Und nun das." Er hatte das spürbare Bedürfnis zu reden.

„Na ja, ich war nicht immer ein guter Ehemann. Ich habe früher viel getrunken."

„Zumindest hatten Sie dann wohl keine Frauengeschichten, oder?" Was von mir als Relativierung gemeint war, entpuppte sich als wunder Punkt.

„Sie denkt das zumindest, dass ich was

hatte.“ Ich fragte nach: „Und, hatten Sie?“ Er erzählte daraufhin, dass er früher eine kleine Kneipe hatte und dass da eine Kellnerin arbeitete, mit der er sehr zufrieden war. Dieser Kellnerin gab er einen Kuss.

„Und das hat ihre Frau gesehen?“, fragte ich.

„Ja, sie war dabei. Ich habe mir doch nichts dabei gedacht. Aus Freude, weil sie so gut gearbeitet hatte, gab ich ihr den Kuss. Darum denkt meine Frau, ich hätte was mit ihr gehabt.“

Er war sehr angespannt und ich wollte ihn ablenken und sagte: „Ihre Frau sieht immer noch gut aus, sie war bestimmt ein hübsches Mädchen früher.“ Er wurde wieder lebhaft: „Sie war die Schönste im ganzen Ort.“ Er war stolz bei dem Gedanken an frühere Gefühle und lächelte in sich hinein. Eine Tür fiel ins Schloss und die Ehefrau kam die Treppe herauf mit ihren Besorgungen. „Es ist kalt – ein Glück, dass es nicht glatt ist draußen.“ Damit stellte sie die Tasche auf den Tisch und für mich war es Zeit zu gehen, die Arbeit war getan.

Der Tod im Alltag

Natürlich weiß jede Schwester, dass es nicht erwünscht ist, Lieblingspatienten zu haben. Das ist durchaus berechtigt und nachvollziehbar. Niemand will schlechter behandelt werden, dann lieber besser …

Genauso ist es natürlich, dass Sympathie nicht mal professionell bei jeder Person im gleichen Maße aufgebracht werden kann. Professionellen Umgang mit Patienten dagegen kann und muss man erwarten und verlangen. Das kann man in der Regel auch voraussetzen. Durch den täglichen Umgang mit Menschen – dazu gehören auch Kollegen, Vorgesetzte, Ärzte, Mitarbeiter in Apotheken oder Sanitätshäusern, externe Mitarbeiter, wie die von Medicops, usw. ist jede Schwester geschult im Miteinander und wird immer eine gesunde Basis des gegenseitigen Austausches finden.

Eine meiner Patientinnen bestimmte mich

nach einigen Monaten der Besuche unserer Sozialstation zu ihrer Lieblingsschwester. Wir zogen ihr Kompressionsstrümpfe an und aus, richteten Frühstück für sie und duschten sie. Erst in Andeutungen, dann sagte sie ganz offen, dass sie mich am meisten mag. Ich sagte ihr, dass ich auch gerne zu ihr kommen würde. Ein Satz, den ich ggf. zu jedem Patienten sagen würde, um bestmögliche Kooperation zu erreichen.

Während das Wasser für den Kaffee kochte oder beim Duschen erzählte sie mir viel: Von ihrer Mutter, die sehr gescheit war oder vom Vater, der sehr gutmütig war. Von ihren Männern …

Ihr derzeitiger Freund, ebenfalls um die 80 Jahre alt wie sie, stand offen zu seiner Liebe und erzählte freimütig, dass er alles für sie tun würde. Auch wenn die Familie dagegen war. Er hatte seinen Wohnsitz 30 km entfernt und musste mit dem Auto zu ihr fahren. In der Woche wohne er bei ihr und am Wochenende fuhr er zurück, um seine Ämter in der Gemeinde wahrzunehmen. Ein aktiver Mensch in jeder Hinsicht.

Sie genoss seine Aufmerksamkeit und erzählte ebenso offen über ihre Sicht der Dinge.

Es war herzerfrischend, diese Liebe zu sehen, die eher an eine Jugendliebe erinnerte als an eine reife, über lange Zeit gewachsene. Es war einfach überraschend, das Miteinander auf diese Weise zu sehen, wie verliebte Teenager. Dieses sichtbare Glück wirkte ansteckend auf mich. Naheliegend, dass wir oft in guter Stimmung miteinander umgingen – ich beim Arbeiten, sie beim Empfangen der Leistungen, die abzurechnen waren. Trotzdem hatten wir beide das Gefühl von Freiwilligkeit und Freude. Das sollten zwar ohnehin Aspekte jeder Arbeit sein, gelingt leider nicht immer.

Ja, sie wurde auch meine Lieblingspatientin …

Es ging ihr nicht immer gut, sie hatte Probleme mit dem Herzen. Die Gespräche waren oft auch ernst. Sie berichtete von Herzschmerzen, die vor allem nachts zu Panikattacken führten. Der Hausarzt war informiert und versuchte mit Medikamenten, die Symptome in Schach zu halten.

An einem Samstagmorgen sagte sie mir, dass ihr Herz schwach wäre und sie glaubte, nicht mehr lange zu leben. Das war ein schwerwiegender Satz, auf den ich nicht gleich eine Antwort hatte. Ich fragte nach den Symptomen und überlegte, ob ich handeln müsste. Alles war mit dem Arzt besprochen und sie lehnte jede Intervention ab, wollte ihre Ruhe. Sie sagte mir, dass sie keine Angst vorm Sterben hätte, denn dann wäre endlich alles vorbei. „Alles“ waren Schmerzen und Ängste, glaube ich. Ich hatte nicht damit gerechnet, dass dies das letzte Gespräch mit diesem Inhalt mit ihr werden würde.

Nur 3 Tage später kam ich mit dem Schlüssel ins Haus und fand sie nicht in ihrem Sessel wie gewohnt vor. Unruhe beschlich mich. Oh je, Schlafzimmer. Ich bekam die Tür nicht auf.
Durch den Spalt sah ich ihre Hand. Die Farbe der Hand sagte mir, dass sie recht gehabt hatte mit ihrer Ahnung, nicht mehr lange zu leben. Ich konnte die Tür nicht öffnen, da sie zwischen Tür und Bett lag. Mein Puls begann zu rasen. Ich wählte die Notrufnummer, alarmierte Feuerwehr, Notarzt und Polizei. Als ich dann von Ferne die Sirenen hörte, fragte ich mich kurz panisch, ob ich auch die richtige Adresse genannt hatte. Dann nahm alles seinen Lauf …

Später redete ich noch mit der Tochter, die mir nochmals ausdrücklich sagte, dass ich die Lieblingsschwester ihrer Mutter gewesen wäre. Die Tochter lud die Schwestern ihrer Mutter zur Trauerfeier ein, zu der ich leider durch Dienst verhindert war. Sie bedankte sich offiziell bei der Sozialstation und damit endet die Geschichte.

Aber in meinem Kopf ist sie immer noch und unsere Gespräche. Ich frage mich, habe ich die richtigen Antworten gegeben? Habe ich korrekt gehandelt? Als ausgebildete Hospizmitarbeiterin bin ich willens, meinen Patienten eine kompetente Hilfe zu sein.

Wenn ich in der Nähe des Hauses meiner verstorbenen Patientin bin, schaue ich die Straße hinunter – jetzt wäre ihre Zeit.

Sie fehlt mir.

Der Wille entscheidet

An einem Sommertag bekam ich eine neue Patientin. Sie hatte einen Schlaganfall und sollte Hilfe bei der Pflege und beim Medikamente einnehmen und richten bekommen. Pflege heißt 2 x pro Woche baden, sonst Pflege am Waschbecken und Mundpflege. Die Kinder waren fleißig und besorgt um ihre Mutter. Sie hatten schon einen Badelifter besorgt und montiert, erkundigten sich, was noch an Hilfsmitteln fehlen würde.

Als ich ankam, saß eine zierliche Frau am Tisch auf einem Stuhl und sah mich freundlich an. Wir begrüßten uns und ich stellte mich vor. Die Tochter saß auch am Tisch und erzählte mir alles von ihrer Mutter, was sie wichtig befand. Sie erzählte auch von ihrem starken Willen, stellte sie kämpferisch dar. Sie hatte schon einiges erlebt und ist immer wieder aufgestanden.

Die Frau war schwerhörig. Trotzdem hatte ich das sichere Gefühl, dass sie mich verstand. Sie redete nicht viel, was dem Schlaganfall geschuldet war. Aber sie konnte lächeln und damit vermitteln. Leider hatte sie auch Schluckstörungen davongetragen, was ihr das Essen und die Medikamenteneinnahme zur Qual machte. Die Tochter berichtete, dass sie sich täglich über eine Stunde je Mahlzeit abmühte, damit ihre Mutter genug Nahrung zu sich nahm.

Mit der Tochter besprach ich meine Aufgaben und besah mir das Bad, den Ort, an dem die Pflege stattfand. Sie zeigte mir alle notwendigen Hilfs- und Pflegemittel. Wir besprachen auch Möglichkeiten zur Nahrungsaufnahme und eine Zeitbegrenzung, um die Mutter nicht zu überfordern. Die Tochter und ihr Mann, der öfters auch zugegen war, hörten aufmerksam zu, fragten nach und besorgten ohne zu zögern fehlende Mittel. Die alte, kranke Frau saß dabei und lächelte ab und zu. Kurz, ein Konzept, bei dem alle an einem Strang zogen. Für alle ein gutes Gefühl.

Am Anfang führte ich meine neue Patientin noch an den Händen ins Bad, führte am

Waschbecken die Mundpflege bei ihr durch und half ihr dann, sich auf den Badelifter zu setzen, um sie in der Badewanne abzuduschen. Nach meinem Eindruck genoss sie die Körperpflege. Frisch geduscht und umgezogen lief sie dann mit mir in ihr Schlafzimmer, denn nun musste sie sich von der Anstrengung erst erholen. Sie zeigte selbst auf ihr Schlafzimmer, sodass man sicher sein konnte, ihrem Wunsch zu entsprechen. Die Kommunikation war in gewisser Weise möglich mit ihr.

Dieser Zustand veranlasste mich, über weitere Hilfe nachzudenken, damit sich diese kranke Frau wieder etwas erholte. Mit der Tochter besprach ich, dass eine Krankengymnastik gut wäre für die körperliche Kräftigung und eine Logopädin, um die Schluckstörungen zu behandeln. Ihre Tochter meinte, das wäre schon Thema gewesen, doch die Mutter hatte beides abgelehnt. Trotzdem redeten wir noch mal mit der alten Frau und erklärten ihr, was wir vorhatten, um ihr zu helfen.

Der hinzugezogene Arzt stellte die Rezepte aus und die Tochter besorgte eine Therapeutin. Allein die Mutter verweigerte sich und nun kam ihr Wille zum Tragen. Die Tochter erzählte mir, dass ihre Mutter ihr gesagt hätte, dass sie nicht mehr (leben) will. Sie will sterben. Ein schrecklicher Satz für eine Tochter.

Nach wenigen Tagen konnte die Frau nicht mehr auf eigenen Beinen laufen. Ihr Zustand verschlechterte sich rapide, ohne dass eine Ursache auszumachen wäre. Sie wollte im Bett liegen. Also wurde sie im Bett gewaschen und versorgt. Das Essenreichen wurde erst schwierig, dann bald unmöglich. Sie nahm nichts mehr zu sich. Es wurde offensichtlich: Diese Frau hat einen großen Willen – auch in Bezug auf die letzte Reise. Sie hatte sie längst angetreten. Der Arzt kam regelmäßig, um nach ihr zu sehen. Natürlich wurden auch die Kinder einbezogen und beraten. Die Kommunikation zwischen Hausarzt, Familie und uns Pflegekräften wurde gut abgestimmt. Die

Enkelkinder aus Berlin reisten an.

An einem Morgen, als ich wie immer gleich sehr früh zur Versorgung kam, lief mir die Tochter weinend entgegen und sagte mir, dass ihre Mutter in der Nacht ganz still und friedlich verstorben wäre. Ich umarmte sie und drückte mein Beileid aus. Dann ging ich an das Bett der Verstorbenen und nahm stumm Abschied von ihr.

In der Sterbephase ist es besonders wünschenswert, dass Arzt, Angehörige, Pflegedienst und ggf. der Palliativdienst eng zusammenarbeiten und Handlungssicherheit demonstrieren. Die Angehörigen sollten immer das Gefühl haben, in einem Kreis der gegenseitigen Absprache und des Einverständnisses zu sein. Sie müssen mitgenommen, informiert und falls notwendig gestützt werden. Wenn das passiert, ist die Arbeit besonders gelungen und die Angehörigen werden das Gefühl von guter professioneller Begleitung behalten.

In diesem Fall hat glücklicherweise alles vorbildlich funktioniert.

Beeindruckend am Ende war der starke Wille der kranken Frau. Sie hat ihr Leben sehr gradlinig gelebt, mit hoher Entschlusskraft, und ist genauso gestorben. Es war ihre Entscheidung zu gehen.

Die blinde Frau

Auf meiner Tour wurde ich eingearbeitet von einer Kollegin, die einige Zeit die Hauptpflegefachkraft in diesem Ort war, quasi die Ansprechpartnerin für alle Belange. Sie konnte sich nicht mit dieser Aufgabe identifizieren und kündigte den Vertrag nach recht kurzer Zeit wieder. Vorausgegangen waren unerfreuliche Dinge in ihrer vorigen Arbeitsstätte, von denen sie mir erzählt hatte. In der Folge suchte sie vielleicht überstürzt eine Alternative, um durchgängig in Lohn und Brot zu stehen. Nicht ganz freiwillig, wenn man alleinstehend ist. Eine von vielen ähnlichen Geschichten, die man hört, wenn man lange genug im Beruf ist …

Doch sie war routiniert, hatte solides Fachwissen und die Pflege ging ihr leicht von der Hand. Nur – sie fühlte sich nicht am richtigen Platz und das strahlte sie leider auch aus. Das fällt in anderen Berufen vielleicht nicht so sehr auf, doch in der

Pflege ist es fatal. Die zu Pflegenden haben ein Gespür dafür, ob die jeweilige Schwester gern kommt oder nicht. Dass sie die Konsequenzen zog und wieder kündigte, ist ihr hoch anzurechnen. Das spricht absolut für sie. Also arbeitete sie mich in ihrem ehemaligen Bereich ein.

Bevor wir zu einem Patienten gingen, nannte sie mir die wesentlichen Fakten zur Person: Diagnosen, Besonderheiten, auszuführende Arbeiten.

Die nächste zu betreuende Patientin war blind und sie lebte allein in ihrer Wohnung. Ich war erstaunt, dass so was möglich ist. Für mich unvorstellbar, ein Leben, ohne sehen zu können.

Ich wurde darüber informiert, dass diese Frau in der Wanne auf dem Badewannenlifter zu duschen wäre. Dann die Warnung, dass diese Frau sehr unfreundlich wäre und schreien würde, wenn ihr etwas nicht gefällt. Also wappnete ich mich. Ich stellte mich auf einen schwierigen Menschen ein, auf den ich in jedem

Falle ruhig reagieren würde.

Menschen sind, wie sie sind, geformt durch ein langes Leben. Schwierigkeiten in irgendeiner Form haben alle unsere Kunden, sonst würden sie nicht von uns besucht werden. Da kann schon mal die gute Laune auf der Strecke bleiben. Also bin ich nicht in Erwartung, nur auf gut gelaunte Patienten zu treffen. Das schließt aber eine gewisse Form des Anstands nicht aus. Ich war gespannt.

Die Wohnung der blinden Frau befand sich in einem größeren Wohnblock, im ersten Stockwerk. Wir hatten einen Schlüssel, so läuteten wir lediglich, um uns anzukündigen. „Jaha", hörten wir aus dem Wohnungsinneren rufen. „Ich bin hier." Hier war das Wohnzimmer. Wir liefen zu ihr, begrüßten sie und ich stellte mich vor. „Na, ob Sie das alles richtig machen? Wir werden sehen …" Damit gingen wir zu dritt ins Bad, wo auch schon ihre Sachen gerichtet lagen, die sie anziehen wollte nach dem Duschen und drei Handtücher unterschiedlicher Größe plus zwei Waschlappen. Wir verständigten uns darauf, dass ich heute hauptsächlich beobachten würde, um mir alles für das nächste Mal einzuprägen, wenn ich allein mit ihr wäre. Das war in Ordnung.

Beeindruckt sah ich, wie diese Frau sich in ihrer Wohnung zurechtfand. Sie erhob sich von ihrer Couch, lief durch das Wohnzimmer in den Flur und von da aus ins Bad. Sie zog sich ohne Umschweife aus, setzte sich auf den Wannenlift und mischte sich an der Armatur ihre Wassertemperatur. „Sie können mich runterfahren", beauftragte sie die Schwester. Diese ließ den Lift halb hinunter. „Ja danke, das genügt, Schwester."

„O. k.", antwortete die Schwester und sah zu, wie die Patientin begann, sich abzuduschen. Dann reichte die blinde Frau der Schwester einen Waschlappen. Diese ließ über den Lappen Wasser laufen und träufelte Duschgel auf den ausgestreckten Lappen, der über der Hand der Frau steckte. Auch ihren eigenen vergaß sie nicht. Indes begann die blinde Frau, sich zu waschen und zeigte dabei eine bemerkenswerte Beweglichkeit. Ich sprach sie darauf an, doch sie fand das nicht besonders, freute sich aber doch ein bisschen. Nun griff die Schwester ein und wusch der Frau den Rücken, die Beine und Füße. Das Abduschen übernahm unsere Patientin wieder persönlich. Es wurde tatsächlich kein Schaumbläschen von ihr vergessen! „Schwester, Sie können mich wieder hochfahren und geben Sie mir ein Handtuch." Es musste das Handtuch mittlerer Größe sein. Das kleine war für die Tür gedacht, was ausgetauscht wurde, mit dem, was dort hing. Dies war für den Fußboden gedacht. Sie drehte sich heraus, streckte die Füße aus der Wanne und stand vom Lift auf und empfing nun das große Handtuch, in das sie sich eindrehte. Sie nahm auf dem Toilettendeckel Platz, was natürlich nur auf ausdrücklichen Wunsch der Pflegeperson gestattet ist. Ansonsten ist jegliche Pflege

auf dem WC tabu. Sie trocknete sich ausgiebig ab, für die Schwester blieben die Beine, Füße, abzutrocknen und das Zureichen der Garderobe nach ihren Angaben. Fertig bekleidet lief sie zurück in ihr Wohnzimmer und setzte sich wieder auf ihre Couch. Anschließend die Standardfrage, ob alles in Ordnung wäre. Wie üblich wurde sie bejaht. Also noch die Dokumentation in der Mappe, die im Esszimmer auslag. Alles musste seine Ordnung haben und sollte im Bedarfsfall nachlesbar und vor allem nachweisbar sein, nötigenfalls auch gerichtstauglich.
Wir verabschiedeten uns von der blinden Frau und schlossen die Tür von außen. Noch ein paar Worte zum Abschluss zwischen der Schwester und mir. Dann ging es schon weiter zur nächsten Klientin.

Von nun an sah ich diese Frau 2 x in der Woche. Die Prozedur war stets dieselbe mit kleinen Varianten. Wenn sie noch keine Sachen gerichtet hatte, was irgendwann die

Regel wurde, ging ich mit ihr ins Schlafzimmer, um ihr zu helfen. Dabei fiel mir die Ordnung im Schrank auf. Als ich dies äußerte, meinte sie, dass sie sich nur so zurechtfinden könne. Ist dann auch logisch, sie greift ja blind in den Schrank. Das wäre bei mir schwieriger …

Natürlich hatte sie eine Haushaltshilfe, die ihr viel half. Trotzdem erstaunlich, wie sie mit der Situation umging. Im Laufe der Zeit unterhielten wir uns viel. Sie erzählte, dass sie eine Sehschwäche von Anfang an hatte, betonte aber, dass sie ihre Kinder nach der Geburt noch sehen konnte. Erst danach erblindete sie fast vollständig. Ich hörte gern ihre Geschichten, die eine optimistische Grundeinstellung offenbarten.

Sie verfügte trotz allem über einen Humor, der zum Tragen kam, wenn sie sich wohlfühlte und ein ungestörter Ablauf für Sicherheit sorgte. Wir lachten und scherzten während der Pflege. Von einer unfreundlichen Person war nichts zu spüren.

Im Schlafzimmer war ein Regal angebracht, auf dem viele Bücher standen. Sie waren alle weiß und ohne sichtbare Aufschrift. Sie erklärte mir, dass diese Bücher in Braille-Schrift geschrieben sind. Sie erklärte mir kurz, wie man Buchstaben von Zahlen unterscheidet. Sehr interessant für mich. Das Lesen dieser Blindenschrift erfordert sensible Fingerspitzen, da die Schrift aus Punkten besteht, die gefühlt werden müssen. Ich hatte viel Respekt vor meiner blinden Patientin. Mein Interesse freute sie und sie versprach mir, die Schrift gelegentlich beizubringen. Ihren Kommentar: „Das ist doch gar nicht so kompliziert“, hörte ich mit einer gewissen Skepsis.

Im Laufe der Zeit erfuhr ich ihre bisherigen Erkrankungen, sie erzählte von ihrem Elternhaus, von den Geburten ihrer Kinder und vieles mehr. Diese Lebensgeschichten sind immer sehr interessant, ebenso wie die Lösungsstrategien in Krisen.

Oft machen sie betroffen. Manchmal staunt man aber auch über ein stolperfreies Leben; ob es so empfunden wurde oder so

war, ist unwichtig.
Nach meiner Erfahrung gibt es selten Probleme mit Patienten, wenn man sie Regie führen lässt und ihnen zuhört. Ganz egal, welche Probleme oder Defizite sie haben, sie wollen einfach nur ernst genommen und respektiert werden. So wie wir alle.

Nachtrag:
Leider konnte sie mir ihre Kenntnisse nicht mehr vermitteln. Ihr Gesundheitszustand verschlechterte sich rapide, sodass sie nicht mehr allein zu Hause sein konnte. Ihre Kinder kümmerten sich um einen Platz im Pflegeheim. Es war nicht mal Zeit für einen Abschied.

Ein Leben für die Pflege

Kürzlich war ein Qualitätssicherungseinsatz fällig, kurz QSE. Bestimmte Mitarbeiter führen diese Besuche halbjährlich bei Kunden durch, bei denen zumeist Angehörige ihre Familienmitglieder pflegen. Es ist ein Dienst für die Pflegekassen.
Mich begleitete eine Schülerin. Sie war schon an mehreren Tagen an meiner Seite und sehr interessiert an allem, was unseren Arbeitsbereich ausmacht.

Beim Anblick der Adresse erkannte ich, dass diese Frau keine Fremde für mich war. Bis vor einiger Zeit unterstützten wir sie bei der Pflege ihres Mannes. Er konnte erst noch einige Schritte laufen, wurde dann jedoch bettlägerig. Er litt an Schluckstörungen, stellte irgendwann das Essen und zuletzt das Trinken ein. Schließlich starb er, ganz ruhig und zufrieden in seinem Bett, an dessen Bettrand seine Frau saß.
Die Ehefrau hatte ich als geduldige Partne-

rin in Erinnerung, sehr liebenswürdig. Und so freute ich mich auf meine bevorstehende Aufgabe.

Dieses Mal ging es um sie selbst. Im Wesentlichen ging es um ihren eigenen Pflegezustand, ihre Sicht der Dinge und meine Einschätzung dazu.
Nach dem Läuten ließ eine Frau im mittleren Alter uns herein. Sie stellte sich als Tochter der Kundin vor. Als ich in das Wohnzimmer eintrat, erkannte mich die Frau sofort und sagte: Sie haben doch auch immer meinen Mann gepflegt, gell? Sie begrüßte mich und meine Schülerin erfreut. Wir nahmen alle am Tisch Platz.
Noch einmal ließen wir kurz Erinnerungen an die Pflegezeit lebendig werden. Dann sprach die Tochter aus ihrer Sicht über die derzeitige Situation ihrer Mutter. Sie sagte, dass sie selbst nicht im Haus wohnen würde, aber sehr oft vorbeikäme und sich um die Belange ihrer Mutter kümmern würde. Die Mutter wäre noch geistig und körper-

lich so weit fit, dass sie in ihrem Haus bleiben könnte. Eigentlich waren meine Fragen damit schon beantwortet.

Nun fragte ich sie noch einmal nach ihrem derzeitigen Ergehen, da begann unsere Kundin zu erzählen. Sie beantwortete die Frage zuerst einmal mit gut und begann etwas auszuschweifen. Ich erkannte ihr Bedürfnis zu reden und hörte einfach zu wie auch die Tochter und die Schülerin.
Sie umriss kurz ihr Leben, erzählte, wie sie einen Beruf erlernt hatte und ihre eigene Mutter zu dieser Zeit schon sehr krank war. Sie gab nach einiger Zeit ihren Beruf wieder auf und pflegte ihre Mutter. Sie war noch sehr jung, hatte keine Ahnung und wusste nicht, wie das geht, tat einfach, was notwendig war. Auf diese Weise lernte sie schnell dazu und eignete sich an, was zur Pflege notwendig war. Ihre Mutter starb nach einigen Jahren, in der Zwischenzeit erkrankte ihre Tante. Sie mochte diese Tante sehr und pflegte also auch sie. Niemand

schien geeigneter als sie, mit inzwischen ja schon Erfahrung in der Pflege. Es gab auch noch nicht so viele Heime wie heute und sie sollte ja auch zu Hause bleiben dürfen.
Ihr Leben zog sich hin und die Pflege wurde ihr Schicksal. Schließlich wurde ihr Mann pflegebedürftig und für sie war es keine Frage, auch diese Aufgabe zu übernehmen. Sie war viele Jahre allein mit der Angelegenheit und pflegte ihren Mann mit Hingabe und Liebe. Das war gut zu spüren, als wir (Pflegedienst) schließlich dazukamen.
Ihre schier unendliche Geduld und Güte sind mir noch lebhaft in Erinnerung. Sie schien keine eigenen Bedürfnisse zu haben – immer ging es um das Wohl ihres Mannes.

Nun saß ich an ihrem Tisch – sie selbst als zu Pflegende und resümierte über ihr Leben. Dann sagte sie einen Satz, der allen Anwesenden sehr zu Herzen ging. Sie sagte ohne Bitterkeit, fast heiter: „Nun bin ich

86 Jahre alt geworden und kann endlich machen, was ich will."

Nachdem wir uns verabschiedet hatten und wir uns gegenseitig alles Gute wünschten, sagte meine Schülerin zu mir: „Puh, ich bin ganz fertig. Fast hätte ich angefangen zu weinen, als Frau … von ihrem Leben erzählt hat."
Mir war aufgefallen, dass meine sonst so kommunikative Schülerin sehr still auf ihrem Platz gesessen hatte. Sie war tief beeindruckt von unserem Besuch bei der kleinen, alten Frau, die doch so groß und voller Lebensfreude war.
Obwohl ich gewusst hatte, auf wen wir treffen würden, war ich doch sehr beeindruckt. Ohne jede Enttäuschung oder dem Gefühl verpasster Gelegenheiten, sah diese tolle Frau voll Freude in die Zukunft.
Die Tochter, meine Schülerin und ich brauchten einen Moment, um uns von der Ergriffenheit zu lösen, die diese Geschichte in uns allen auslöste.

Hartes Leben

„Sie haben wieder abgenommen?“ – „Ja, sagt sie. Ich nehme ab wie ein Kalender. Im Sommer hatte ich noch 75 kg, jetzt sind es noch nicht mal mehr 50 kg …“

Frau L. sitzt in der Dusche und schaut an sich herunter … „Tja, da war mal viel mehr …“ Sie hält sich nicht lange damit auf, sondern reguliert die Wassertemperatur und beginnt, sich zu duschen. Sie will so viel wie möglich selbst machen.

Mir bleibt nur, die Haare zu waschen und den Rücken. Selbst beim Abtrocknen ist vor allem sie aktiv. Ich darf die Füße und Beine abtrocknen und ihr den BH zureichen und hinten schließen. „Schauen Sie, den habe ich bis vor Kurzem noch ganz ausgefüllt.“ Sie beschreibt mit den Händen die verlorenen Kurven.

Um sie zu trösten, sage ich: „Dafür haben Sie nun weniger zu tragen. Das ist doch auch nicht so schlecht.“ Wir wissen beide, dass diese Worte nur gut gemeint sind.

Keiner von uns beiden erwähnt ihren Krebs, der ihr den Appetit und ihre Kraft nimmt. Ich spüre, dass sie ihn nicht zum Thema machen will. Würde es ihr helfen, dieses lebensbedrohliche Thema anzusprechen oder soll ich den Krebs mit ihr zusammen außen vor lassen? Im Moment weiß ich keine Antwort darauf und will ihr nicht zu nahe treten, denn offenbar hat sie eine eigene Strategie, damit umzugehen.
Irgendwann, als ihr Mann nicht im Raum war, erzählte sie, dass ihr Mann bereits eine Ehefrau an Krebs verloren hatte. Das war für ihn eine schlimme Erfahrung und sie möchte nicht, dass er dasselbe noch mal durchmacht. Darum versucht sie, sich nichts anmerken zu lassen.
Frau L. hatte in ihrem Leben hart gearbeitet auf dem Feld, später in der Fabrik, hatte Kinder bekommen und unter schwierigen Bedingungen großgezogen. Sie kennt die Härten des Lebens. Trotz Schmerzen im Rücken und im ganzen Körper kein Jammern und sich Hängenlassen. Kein Wort

über den Krebs, der ihr zu schaffen macht und den Körper sichtbar beutelt.
Sie sagt, dass sie keinen Appetit hat und sich zurzeit mit Suppen über Wasser hält. Die kann sie noch essen.
Mein Blick schweift durch die Küche und er bleibt bei einem Karton hängen, auf dem „Fresubin“ steht – flüssige, hochkalorische Nahrung …

Ihr Mann Fritz ist auch Klient bei uns. Er hat Hautkrebs und zwei offene Wunden auf dem Kopf. Wir kümmern uns auch um ihn und versorgen seine Wunden nach Anordnung der Ärzte. In Heidelberg begutachten Spezialisten regelmäßig die Entwicklung des Hautkrebses und passen die Verbandsmittel und Wundauflagen an.
Herr L. ist ein ruhiger, zurückhaltender Mensch, der nicht viel redet und sich zufrieden gibt, wie es eben ist.
Das Paar strahlt Ruhe und Gelassenheit aus, trotz der schrecklichen Diagnose, mit der sich beide bekanntmachen mussten. Sie

leben einfach weiter.

Eines Tages war Frau L. ins Krankenhaus gekommen. Leider konnte ich sie nicht wieder sehen. Nicht lange danach war sie ihrer Krankheit im Krankenhaus erlegen. Sie hatte diesem Krebs wahrhaft die Stirn geboten, bis ihre Kräfte endlich versagten. Ihr Mann weinte bitterlich. Nun hatte das Schicksal doch zum 2. Mal in gleicher Weise zugeschlagen.

Er ist nun wieder allein. Doch er hat das Glück, bei seinem Sohn und der Schwiegertochter im Haus zu leben. Das ist Trost und hilft gegen die Einsamkeit. Doch den Verlust dieser starken Frau wird er wohl nicht verwinden.

Klienten der Sozialstation

Unsere Leistungen erbringen wir an Klienten oder Patienten. Der Unterschied der jeweiligen Benennung liegt in der Tätigkeit, die wir auszuüben beauftragt sind. Pflegerische Tätigkeiten nehmen wir bei Klienten vor, vom Arzt angeordnete – also medizinische – betreffen Patienten. Diese Tätigkeiten heißen bei uns Leistungen, sie haben einen Preis, der mit der Pflege bzw. Krankenkasse abgerechnet wird.
Wenn ein Mensch bzw. eine Familie in die Lage kommt, eine Sozialstation beauftragen zu wollen, hören sie sich meist erst einmal im Bekanntenkreis um, ob jemand eine Empfehlung aus eigenem Erleben abgeben kann. Dann sieht man Tagesblätter durch oder fragt in der Arztpraxis nach Adressen. Oft ist die nächste Sozialstation im Ort die erste Anlaufstelle.
Nach der Wer-Entscheidung kommt die Was-Frage. Nach fachkompetenter Beratung kommt ein Vertrag zustande, der die ausgehandelten Leistungen genau benennt. Die Pflegedienstleitung legt fest, auf wel-

chem Plan der Klient am besten aufgehoben ist, damit ein reibungsloser Ablauf gewährleistet wird, bei dem beide Parteien zufrieden sind.
Der Plan kann zeitnah gestaltet werden. In dringenden Fällen findet der erste Besuch noch am gleichen Tag statt. Das ist möglich, weil wir flexibel sind und auf Planänderungen sofort reagieren können. Die Arbeit mit Menschen bedeutet Wandel und Veränderung.

Neue Klienten zu bekommen, bedeutet für eine Pflegekraft immer, eine neue Beziehung einzugehen mit einem noch unbekannten Menschen. Das bedeutet nicht nur, eine pflegerische oder medizinische Aufgabe fachgerecht zu erledigen, gleichzeitig vertreten wir unseren Arbeitgeber, die Sozialstation und damit auch die Diakonie nach außen. Weiter bedeutet es, sich persönlich zu einem Menschen hinzuwenden und ihn als Persönlichkeit wahrzunehmen. Ich gehe eine Beziehung zu ihm ein oft-

mals auch zu Angehörigen des Klienten.
Ebenso gehen die Klienten eine Beziehung mit uns ein, die im Unterschied zu uns nicht professionell, sondern meist sehr persönlich ist. Sie wollen und sollen uns vertrauen in den uns zugedachten Aufgaben.
Je nach Intensität und Länge der Aufgabe kann es dazu kommen, dass die Grenze zwischen professionell und privat überschritten wird. Die professionelle Distanz kann von mindestens einer Seite nicht mehr eingehalten werden. Hier ist Fingerspitzengefühl gefragt, denn Vertrauen ist eine filigrane Angelegenheit.
Eine gewissenhafte Dokumentation hilft, den notwendigen Abstand einzuhalten.
Sie hilft aber auch bei gelegentlich auftretenden Fällen von Antipathie. Eine Pflegekraft wird abgelehnt, was bis zur Ablehnung der gesamten Sozialstation führen kann. Wenn die „Chemie“ nicht stimmt, sollte das frühzeitig kommuniziert werden, an richtiger Stelle, um Schaden zu vermeiden. Ebenso, wenn z. B. männliches Perso-

nal abgelehnt wird, muss frühzeitig darüber geredet werden, damit Probleme dieser Art klein bleiben und schnell gelöst werden.
Egal, wie der Pflegevertrag zustande kam, sei es durch Mundpropaganda, eine Empfehlung des Krankenhauses oder die Zeitung – es bedeutet einen Vertrauensvorschuss, den wir bestmöglich erfüllen wollen. Die Pflegedienstleitung entscheidet auch darüber, welche Qualifikation die jeweilige Pflegekraft haben soll, um die Aufgabe entsprechend zu leisten. Nach diesen und noch viel mehr Gesichtspunkten werden unsere Touren zusammengestellt – keine leichte Aufgabe.
Dann werden Akten angelegt, denn jeder Vorgang muss genau und nachvollziehbar dokumentiert werden, und zwar gerichtsverwertbar. Mindestens 30 Jahre lang wird jeder Federstrich aufbewahrt, dessen sollte man sich bewusst sein. Trotz aller Fortbildungen ist Dokumentation ziemlich unbeliebt, immer noch ein Stiefkind in der Pflege. Dennoch existieren viele Standards und

Vorgaben, Gesetze über das, was genau festgehalten werden muss.
Die Hausbesuche bei den Klienten sollten einen Verlauf skizzieren, der sich nachvollziehbar lesen lässt. Bei Unklarheiten, bei Fragen oder auch Kontrollen durch den MDK und besonders bei Streitigkeiten muss die Dokumentation Antworten über den Verlauf der Pflegezeit geben können.

Beim ersten Einsatz werden wir Mitarbeiter meist schon dringend erwartet. Die Ausgangssituation ist oft schwierig und Hilfe dringend erwünscht. Dementsprechend werden wir freundlich empfangen mit mehr oder minder sichtbaren Stressmerkmalen. Nun ist es an uns, das Vertrauen unserer zukünftigen Klienten zu rechtfertigen und Kompetenz in der vorhandenen Situation zu beweisen. Angehörige begleiten oft die Situation, um noch logistische Fragen zu klären oder einfach nur zum Beobachten, ob alles nach Wunsch abläuft.

Der erste Eindruck lässt sich nicht wiederholen, deshalb lohnt es sich, einen ersten Besuch in Ruhe und nach einem Blick in den Spiegel zu gestalten. Literatur der Eckdaten vor dem Besuch erleichtert die Kommunikation und lässt uns kompetent erscheinen.
Dann geht es an die praktische Arbeit. Nach dem Bekanntmachen mit dem Klienten sehe ich mir vor Ort an, was wo, wie und wie oft getan werden muss und wo welche Arbeits- und Hilfsmittel zu finden sind. Fehlt was, wer besorgt es bis wann?
Es beginnt der Weg zur Routine, oft gescholten und doch unverzichtbar. Routine bedeutet, dass Tätigkeiten immer am gleichen Ort stattfinden (z. B. Verbände in der Küche usw.). Hilfsmittel sollten gut erreichbar und immer am selben Ort platziert sein. Die Durchführung muss immer wieder an die aktuelle Situation angepasst werden. Die Dokumentation sollte dies nachlesbar abbilden, damit sich auch die nächste Pflegekraft zurechtfindet und nach

Plan arbeiten kann.

Ich konzentriere mich zuerst auf den Klienten, mache ein bisschen Small Talk und lass mir die Geschichte von ihm/ihr selbst erzählen, wie es zu dieser Situation kam. So kann ich unbemerkt schon sehr viele Daten sammeln und Vertrauen schaffen. Die Situation ist aufgelockert und so ist der Grundstein für die nun folgende Arbeit gelegt.
Am nächsten Tag ist mein Gesicht schon bekannt – dem Aufbau einer professionellen Beziehung steht nichts mehr im Wege. Wie intensiv sie wird, hängt auch viel von der „Chemie" ab. Das Ziel ist, dass beide Parteien mit dem Arbeitsergebnis zufrieden sind. Bei medizinischen Leistungen wird dies vom Arzt überprüft und beendet oder weiter verordnet.

Es passiert auch, dass auch jüngere Patienten aus dem Krankenhaus entlassen werden, die Hilfe beim Verbandswechsel oder bei der Körperpflege – oft beides – benötigen, nach Schulterbruch etwa. Für sie ist die Situation befremdlich, plötzlich Hilfe von außen annehmen zu müssen. In der Regel war es für diese Menschen bis zu dem Zeitpunkt undenkbar, in eine Situation wie diese zu kommen.

Menschen mit unheilbaren Krankheiten werden meist im Familienkreis gepflegt, bis ein Punkt erreicht ist, an dem sie Hilfe brauchen. Der Hilfebedarf wird ermittelt und kann unterschiedlicher Natur sein. Wir werden einfühlsam beraten und professionell unterstützen. Das Begleiten der Angehörigen ist ebenso wichtig wie die Arbeit am Patienten. Sie sind oft unsicher, was zu tun ist und wollen über ihre Ängste reden – Patient wie auch Angehörige. Sie sollten immer die Gelegenheit dazu bekommen. Wir bieten auch die Kooperation mit dem Palliativ-Dienst an.

Leider passiert es, dass ein Patient stirbt, bevor eine Beziehung aufgebaut werden konnte. Das kann für eine Pflegekraft belastend sein, besonders wenn es mehrmals in kurzer Zeit passiert.

Mir ist es vor einiger Zeit so ergangen. Die zu bringenden Leistungen waren grundverschieden, kein Fall war vergleichbar mit dem anderen. Doch eine Sache hat mich bei allen tief beeindruckt: Die Patienten im Angesicht des Todes waren zuversichtlich und voller Pläne, obwohl sie sich im Klaren über ihren Zustand waren. Ich habe darin eine besondere Stärke der Menschen gesehen. Die Nachricht von ihrem jeweiligen Tod hatte mich immer wieder erschüttert …

Doch ich lernte auch daraus, dass Aufgeben keine Option ist. Jeder Tag ist es wert, gelebt zu werden und solange man träumt, lebt man.

Die Arbeit bei der Sozialstation kann belastend sein, körperlich und emotional. So ist Pflege. Aber es gibt ein Team, das hinter uns steht. Es bietet Hilfe und Verständnis in schwierigen Situationen. Gespräche mit Kolleginnen, die ähnliche Erfahrungen gemacht haben, wie wir selbst, können eine große Hilfe sein.

Patienten als Persönlichkeit

Mein Aufgabengebiet ist vielfältig, der tägliche Plan präzise. Ich habe meine Arbeit gelernt und doch ist es immer ein bisschen anders bei jedem Patienten, denn die Menschen sind sehr verschieden. Entsprechend kann die Ausführung auch sehr verschieden sein und trotzdem richtig.

Da ist der Mann mit der Magensonde aufgrund von Krebs, der einmal Trompetenspieler war, von Beruf Techniker; der junge Diabetiker, der es nie geschafft hat, einen Beruf zu erlernen bzw. einer geregelten Arbeit nachzugehen oder der Fliesenleger, der seine Arbeit auch als Hobby betrieben hat, bis ein Schlaganfall ihn jäh aus dem gewohnten Leben riss.

Und da ist die Bauersfrau, die früh ihren Mann verlor und nun nach einem harten Leben an Krebs erkrankt ist und der Bauer, der sein Leben lang mit seiner Frau seine Ländereien bewirtschaftet hat und nun ebenfalls durch Krebs ans Bett gefesselt ist.

Sie alle sind meine Patienten und nicht nur

Kranke, die behandelt werden, sondern auch Persönlichkeiten, die viel zu erzählen haben und jede Geschichte ist interessant und hörenswert. All diese Menschen etwas kennenzulernen, bedeutet mir viel. Wie geht der Mensch vor mir mit seiner Krankheit um? Wie ist die Grundstimmung, kann er/sie über sich selbst lachen? Interessiert er oder sie sich noch für andere Dinge oder Menschen? Wie sieht das Gesicht aus, erzählt es Geschichte?

Das Interesse am Menschen ist ein wesentlicher Faktor für mich, diese Arbeit gern zu machen. Die Gespräche, die meist so nebenher laufen, offenbaren oft Erstaunliches. Lebensgeschichten sind voller Freud und Leid. Die Verteilung fällt sehr unterschiedlich aus, das Leben ist nicht gerecht.

Schon oft habe ich den Mann im Hochhaus besucht und seine Magensonde kontrolliert und verbunden. Doch erst kürzlich fiel mir die Trompete an der Wand auf und ich fragte ihn danach, ob er Trompete spielen könne. Es hat mich schon immer interessiert, wie man aus dem Instrument Töne herausbekommt. Der Mann war erfreut über mein Interesse und dass ich mir ein paar Minuten Zeit nahm für sein Leben in der Vergangenheit. Er erklärte mir bereitwillig die Technik mit den Lippen, die ein Blasen möglich macht, ohne allzu große Mühe. Gelernt ist eben gelernt. Er zeigte mir auch Fotos von seiner Band in jungen Jahren und ein Foto, auf dem er bei einem Solo zu sehen ist in Amerika. Sehr beeindruckend. Ich wusste bereits, dass er einmal Techniker und Ingenieur gewesen war. Hinter seiner kühlen sachlichen Fassade hätte ich keinen Musiker erwartet. Schön, dass ich ihn von einer anderen Seite kennenlernen durfte.

Der junge Diabetiker, der jünger ist als mein Sohn, hat es bisher nicht geschafft, einen Platz im Arbeitsleben zu finden. Er gehört offenbar zu jener Personengruppe, die nach einem schwierigen Start ins Leben nicht die Unterstützung erfahren hat, die notwendig gewesen wäre für ein Gelingen. Doch er hat Pläne für sein Leben. Auf Zuspruch und Anerkennung reagiert er mit Stimmungsaufhellung. Man merkt, dass er noch nicht viel davon erhalten hat in seinem Leben. Das bedauere ich sehr, denn jeder Mensch braucht dringend jemand, der an ihn glaubt und ihm zur Seite steht. Im Rahmen meiner Möglichkeiten reden wir bei jedem meiner Besuche ein bisschen und ich sage ihm, dass seine Blutwerte beständig sind oder irgendwas, das man positiv formulieren kann.

Jener Mann, bettlägerig, erzählte mir während der Pflege, dass er mit Leib und Seele sein Arbeitsleben lang Fliesenleger gewesen war. Er hatte keine anderen Hobbys – nach der Arbeit ging es weiter mit Fliesenlegen bei der Familie oder Freunden. Er verwies mich auch auf sein Haus und die Terrasse, solides Handwerk. Nicht seine Knie machten ihm Probleme wie vielen seiner Kollegen, nein – ihn riss ein Schlaganfall aus dem Leben, das er liebte.

Ich mag die Bäuerin auf dem Aussiedlerhof, die mir gern Fragen über Landwirtschaft beantworten kann, wie z. B. Wie kommt Spargel in den Boden – als Saat oder Pflanze?
Wenn sie aus ihrem Leben erzählt, staune ich, wie viel Leid eine Person ertragen kann, ohne daran zu zerbrechen. Sie hat so viele Schicksalsschläge hinnehmen müssen. Es begann mit einer Fehlgeburt, Krankheiten, der frühe Tod ihres Mannes, den sie als fröhlich und lebensfroh beschrieb und endete noch lange nicht. Nun war sie an Krebs erkrankt, operiert und mit künstlichem Darmausgang versehen und hoffte auf eine Rückverlegung. Ich freute mich für sie und hoffte mit. Sie wird zur Bestrahlung gehen und vielleicht besiegt sie den Krebs ja doch – weil sie nicht aufgibt.

Der Landwirt hat schon Bestrahlungen hinter sich gegen den Prostata-Krebs, als ich ihn kennenlernte. Er ist nun zu schwach, um mobilisiert zu werden, trotz der Krankengymnastik 2-mal die Woche. Er wird im Bett gewaschen und angezogen von mir oder einer Kollegin und mit einem Lifter in den Rollstuhl gesetzt. Er sitzt jeden Tag im Rollstuhl, um am Familienleben teilzunehmen. Seine Ehefrau, selbst hoch in den Achtzigern, kümmert sich aufopferungsvoll um ihn. In diesem Haus ist Liebe deutlich zu spüren. Die beiden haben Jahrzehnte lang einen Hof zusammen geführt, Tiere und Felder gepflegt und bearbeitet. 24 Stunden am Tag Hand in Hand gearbeitet. Diese Verbundenheit ist spürbar und auch, dass beide ihr Leben geliebt haben. Sie haben nie gezweifelt und überlegt, ob es nicht was Besseres gibt. Es war das Beste und Einzige für sie, dafür standen sie. Und nun sind beide glücklich, dass sie sich noch haben.

Diese wenigen Beispiele zeigen, dass Pflege mehr ist als waschen. Pflege ist umfassend. Auch wenn unser Auftrag nur bestimmte Leistungen umfasst, findet ein Austausch von Persönlichkeit beiderseitig statt. Dies gilt schon für die einfachste Tätigkeit. Ich bestimme mit meiner Einstellung zu meiner Arbeit die Atmosphäre und das Niveau der Ausführung.
Die Persönlichkeit meines Patienten kann ich nicht ändern, doch ich kann Interesse zeigen und das wirkt sich fast immer günstig aus. Besonders auf meine eigene Stimmung. Ich bin mir bewusst, dass ich eine wichtige Arbeit leiste, die sehr oft wertgeschätzt wird. Auch von mir selbst.

Routine und Krisenfall - August 2020

Wie jede Arbeit besteht auch unsere aus viel Routinearbeit – etwa frühmorgens oft zuerst bei Patienten ATS anziehen bzw. Beine wickeln, BZ-Messungen und Injektionen oder Ähnliches.
Tätigkeiten, die sich täglich wiederholen, oft bei den gleichen Patienten.
Routine hat oft einen faden Beigeschmack, sie wird auch kritisiert und mit Gedankenlosigkeit verbunden. Das ist nicht ganz verkehrt. Doch Routine ist auch ein Segen.
Sie bietet Sicherheit beim Handeln und ermöglicht ein entspanntes Arbeiten. Small Talk mit dem Patienten kann stattfinden, statt die gesamte Aufmerksamkeit auf die Tätigkeit zu richten. Trotzdem kann die Arbeit professionell ausgeführt werden.
Es bedeutet nichts anderes, als dass man wichtige Abläufe verinnerlicht hat und nicht lange darüber nachdenken muss. Ähnlich dem Autofahren. Man kommt an das Ziel, weiß aber nicht mehr, welche

Ampel rot oder grün war. Man fährt einfach, weil man es kann – quasi unbewusst.

Natürlich muss Routine auch hin und wieder überprüft werden, auf Verbesserdungswürdigkeit. Hier lauert die Gefahr (das haben wir immer schon so gemacht).

Schüler können da durchaus hilfreich sein mit ihrer Neugier und ihrer neuen Sicht der Dinge. Beim Beantworten ihrer Fragen muss man darüber nachdenken, warum etwas und wie ausgeführt wird. Warum diese Maßnahme bei der Klientin. Gut, wenn man das einleuchtend und schlüssig beantworten kann. Wenn nicht, ist hier wohl Handlungsbedarf.

Ich mag Routine, weil ich nicht pausenlos in Alarmbereitschaft sein muss. Die Arbeit geht leicht von der Hand. Wenn der Ablauf störungsfrei ist, macht die Arbeit Freude. Man ist „im Flow".

Doch wenn sich zu viel Routine einschleicht, wird es bald langweilig. Allerdings sollte es dazu kaum kommen. Denn wir arbeiten mit Menschen zusammen und

es passieren immer wieder unvorhersehbare Dinge, auf die man augenblicklich reagieren muss.
Das nennt sich dann wohl Flexibilität. Wer immer eine ruhige Kugel schieben will, ist hier nicht am richtigen Platz. Der gemütlichste Tag kann sich in Sekunden in einen Hexenkessel verwandeln. Dann sollte man möglichst das Richtige tun. Doch was ist immer das Richtige? Oft kann man diese Frage erst später beantworten, doch handeln im Krisenfall muss man sofort.
Was ist ein Krisenfall? Ein Krisenfall ist das Gegenteil von Routine. Eine plötzlich einsetzende Veränderung zur erwarteten Realität, wie etwa ein gesundheitlicher Notfall (Atemnot, Bewusstlosigkeit, Sturz etc.).
Jetzt ist Professionalität gefragt: Situation erkennen, helfen oder Hilfe organisieren. Ruhe bewahren und Anwesende zur Mithilfe animieren oder beruhigen, bis die Situation aufgelöst ist. Das kann Zeit in Anspruch nehmen, die man an sich nicht hat,

weil der nächste Patient bereits wartet. Also Kommunikation mit dem Büro oder den Kolleginnen starten. Das Ziel ist die Erfüllung aller Tätigkeiten, die für diesen Tag geplant waren. Hier muss umdisponiert werden. Der nächste Patient sollte schon nichts mehr mitbekommen von der Störung. Eine Entschuldigung für eine Verspätung nehmen die meisten Kunden wohlwollend an.

Zwischen Routine und Krise liegen etliche Nuancen. Jeder Tag ist neu und fordert auf andere Art und Weise, sodass die Routine immer wieder durchbrochen wird. Diese Herausforderungen schulen unsere Kompetenz und es kommt glücklicherweise nie zur Langeweile.

Was mir Spaß macht an der Arbeit mit Menschen? Man weiß nie, was in der nächsten Minute passiert.

Schüler ausbilden - Jan. 21

Als Sozialstation bilden wir natürlich auch Schüler aus. In ihrer kurzen Zeit bei uns, ca. 4 – 8 Wochen, sollen sie einen Einblick in unsere Arbeit bekommen, das Besondere entdecken, was nur bei uns so ist, wie es ist. Den Unterschied zur stationären Pflege mit seinen Besonderheiten. Das ist für viele Schüler nichts Aufregendes. Sie kommen meist ohne große Vorstellung davon, was sie erwarten wird.

Ich allerdings habe Vorstellungen.

Mein Anliegen ist es, dass sie etwas für ihr Berufsleben mitnehmen – etwas Fundamentales; und zwar die Freude am Beruf. Spaß an der Arbeit zu haben, sollte auch ein ernstzunehmender Teil des Unterrichts sein, man kann es trainieren. Die allgemeine Einstellung zur Arbeit, die man sich zu eigen macht, begleitet uns durch den Tag, durch das Jahr und durch das gesamte Berufsleben. Und wenn man schon arbeiten muss, dann sollte es auch Freude machen.

Wenn es mal stressig ist oder unangenehm, weil man sich vielleicht nicht wohlfühlt, ist es wichtig, ruhig zu bleiben, durchzuatmen, versuchen, sich zu entspannen. Nicht vergessen, dass man immer Kolleg/innen hat, die man um Rat und Hilfe fragen kann. Dann nach Plan weitermachen und den Humor möglichst nicht verlieren. Wenn wir entspannt arbeiten, sind auch die Kunden entspannt.
Das halte ich für eine wichtige Grundlage, die es gilt, bei den Schülern zu verankern, damit sie bei zukünftigen Stürmen aufrecht bleiben. Schüler sollten sich immer der Hilfe gewiss sein, ganz gleich in welcher Situation.

Unser Beruf wird von außen meist als sehr schwer wahrgenommen und – vorsichtig ausgedrückt – nicht besonders erstrebenswert. Wenn noch andere Optionen zur Verfügung stehen, wählt man lieber anderes.
Dass dem nicht so ist, möchte ich unseren Schülern nahebringen, die sich dennoch für

diesen Pflegeberuf entschieden haben. Ich möchte ihnen zeigen, dass wir in einem Traumberuf arbeiten, der Freude macht und uns ganz viel bringt. Der tägliche Umgang mit Menschen ist manchmal anstrengend und auch mal nervig. Die Zeit läuft uns davon …
Doch ganz oft ist der Austausch beglückend und befriedigend.

Die Interaktionen mit anderen Berufen wie Ärzten, Therapeuten, Hospizmitarbeitern und Apotheken setzen eigenständiges Denken voraus und planerische Fähigkeiten beim Tourenplan, der täglich anders aussieht. Fachkenntnis, auf die man bauen kann, wenn es häufig auch mal Dinge zu bewerten gibt, die im Moment nicht zu unserem Aufgabengebiet gehören, ist unabdingbar. Eine ambulante Schwester sollte eine hohe Fach- und Sozialkompetenz besitzen.
Es gibt einen täglich vorgegebenen Plan, das Gerüst für den Tag. Doch die Gestalter

für den Ablauf und die Qualität sind wir. Übernahme von Verantwortung stellt eine Voraussetzung für uns dar. Sie ist auch ein wesentlicher Teil der Außenwirkung – Jede von uns beantwortete Frage der Patienten bildet auch Gesprächsstoff für Angehörige, Nachbarn etc.

Und genau das macht die tägliche Arbeit zum Abenteuer und zum Genuss, wenn die Klienten sich verstanden und respektvoll behandelt fühlen.
Da unsere Schüler verständlicherweise nicht gleich den Umfang und die Tiefe unserer Tätigkeit erfassen, müssen sie sanft geführt und während des Praktikums begleitet werden.

Ihre Motivation wird nicht besser sein als unsere. Wir müssen sie interessieren und gute Vorbilder sein. Denn wir brauchen Nachwuchs und kompetente, motivierte Kollegen, die mit Elan und neuen Ideen vorwärts gehen in neue Zeiten. Unsere

Aufgabe ist es, sie gut darauf vorzubereiten.

Der Mann mit der gebrochenen Schulter

Ein neuer Klient. Er war in seinem Bad zu Hause böse gestürzt und hatte sich die rechte Schulter gebrochen . Sein Körper war mit blau-schwarzen Hämatomen übersät. Und er war deprimiert. Unsere Aufgabe war es, ihm bei der Körperpflege zu helfen – beim Duschen hilfreich zur Seite zu stehen, beim An- und Ausziehen behilflich zu sein und beim Einreiben des Körpers mit verschiedenen Pflegemitteln zu helfen. All dies musste sehr vorsichtig geschehen, denn der Klient hatte erhebliche Schmerzen und war in seinen Bewegungen sehr eingeschränkt. Außerdem sollten wir seine Medikamente richten und zur Einnahme reichen.

Dieser Mann war nach dem Sturz sehr deprimiert und hatte seinen Lebensmut verloren. Er verzweifelte fast an seiner Situation.

Ganz langsam besserte sich seine körperliche Verfassung, und begleitende Gespräche ließen ihn wieder Mut schöpfen. Er setzte sich Ziele und wurde zum Kämpfer – er wollte seine Unabhängigkeit zurückhaben! Die Gespräche während der Pflege und der Behandlungen wurden lockerer und vertrauter. Es wurde auch mal gelacht, und ein feiner Humor trat bei dem Gestürzten zu Tage. Die Schmerzen ebbten ab, die Schulter konnte er vorsichtig wieder bewegen .

Monate vergingen, dann endlich kam die Zeit, dass er wieder allein zurechtkam. Er hatte sein größtes Ziel erreicht und seine Selbständigkeit Stück für Stück zurückerobert. Für ihn war es eine lange beschwerliche Zeit gewesen, buchstäblich ein Kampf. Doch der Wunsch nach Unabhängigkeit war stärker. Der Mann, der sich selbst als Eigenbrötler sah, dazu noch eigensinnig, schöpfte hieraus die Kraft, zu kämpfen .

Mit zunehmender Gangsicherheit und Nachlassen der Schmerzen hatte sich auch seine Stimmung gebessert . Er gewann seine Zuversicht zurück und konnte wieder nach vorne blicken.

Irgendwann heißt es trotz aller Vertraulichkeit Abschied zu nehmen. Es ist ein toller Erfolg und Grund zur Freude , auch wenn es auf der anderen Seite bedauerlich ist. Wir müssen uns verabschieden von einem Menschen, den wir über längere Zeit begleitet haben und für den wir quasi Teil seines Lebens geworden sind. Hier ist Professionalität gefragt. Jeder Schritt, jede Handlung wurde sorgfältig dokumentiert und bleibt für lange Zeit in einer Akte erhalten.
Zusammen blickt man noch einmal auf das Erreichte zurück, dann unterzeichnet der Klient den Nachweis über die ausgeführten Leistungen in der Dokumentationsmappe, die später in der Station abgelegt wird. Die Arbeit ist damit beendet .
So ein Abschied kann schwerfallen. Doch die Freude darüber, den Klienten wieder

ins normale Leben zurückzuentlassen, ist sehr befriedigend .

Nach vielen Gesprächen mit Klienten, Eltern und anderen ins Alter gekommenen Menschen kristallisiert sich für mich eine Quintessenz heraus, die eine grundlegende Erkenntnis im Alter zu sein scheint: Man sollte das Leben nehmen, wie es kommt und das Beste daraus machen. Zufrieden sein mit dem, was man hat. Das gilt für Freude, Krankheit und sogar den Tod. Was du nicht ändern kannst, nimm an.

Ich habe dies oft gehört – es klingt banal, ist aber meist hart erkämpft.

Nun habe ich verstanden: Das ist die hohe Kunst des guten und intelligenten Alterns. Sich in das Schicksal zu fügen und nicht zu hadern mit den zahlreichen Unwägbarkeiten, klingt vielleicht nach Rückzug oder Aufgabe. Doch ich weiß nun, dass es eine vernünftige Überlebensstrategie bedeutet.

Ich bin froh, dass ich so wichtige Dinge über das Leben ganz nebenbei erfahre.

Dieses Wissen zu lernen, bevor die Zeit dafür gekommen ist, betrachte ich als Gewinn, als Privileg. Das macht meine Arbeit so besonders .

Vor einiger Zeit traf ich den genannten Klienten auf der Straße und wir begrüßten uns überschwänglich. Es freute mich, zu hören, dass es ihm gut ging und er weiter im Alltag allein zurechtkam. Er sagte, dass er mir sehr gern etwas geben würde und ob ich einen Moment Zeit hätte. Als begeisterter Uhrensammler und Flohmarktbesucher hatte er eine „Krankenschwesteruhr" erstanden, für eine unbestimmten Zweck. Als er mich nun sah, wusste er, warum er die Uhr gekauft hatte.
Er wollte sich bei mir bedanken für alles, was ich für ihn getan hatte .
Ich erwiderte, dass er es selbst geschafft hätte. Ohne seinen eisernen Willen hätte ich nichts ausrichten können. Doch er bestand darauf, dass ich ihm seinen Lebenswillen zurückgegeben hätte und er dafür

unendlich dankbar sei. Darum würde er mir diese Uhr gern zur Erinnerung schenken. Ich nahm die Uhr sehr berührt an. (Der Kaufpreis lag bei 2,50 Euro, es geht um den symbolischen Wert.)

Dieser alte Mann hatte mir den Tag, der bis dahin wirklich stressbeladen war, echt versüßt. Ich war in diesem Augenblick sehr glücklich.

Spaß im Bad

Mein 90-jähriger Patient wurde langsam entspannter. Es schien, dass die Hürde ins neunte Jahrzehnt genommen war und nun der Alltag wieder aufgenommen wurde. Die Angst war scheinbar weg.

Da die Heilung der Amputationswunden an beiden Füßen gute Fortschritte machte, planten wir eine Dusche in der Wanne. Es war sogar seine Idee.

Als ich das nächste Mal das Haus betrat, öffnete mir die Ehefrau und sagte, dass ihr Mann schon in der Wanne wäre. Ich solle schnell machen. Und tatsächlich. Mein Patient saß in der Badewanne auf dem Wannenlift und hatte ihn halb heruntergelassen, um mit der Dusche nicht so arg zu spritzen. Er war so schnell beim Waschen – bewegte sich nach vorn und hinten, gelangte mit dem Waschlappen über den Hals den halben Rücken hinunter und von den Lendenwirbeln den unteren Rücken hinauf, dass ich nur so staunte über seine Beweglichkeit. Er brachte mich zum Schwitzen bei meinem Versuch, mit ihm Schritt zu halten. Wir arbeiteten bis zum Ende des Duschvorgangs zusammen und beim Abwaschen war er gelöst und sah beinah glücklich aus. Er lachte und genoss sichtlich das Bad. Es fehlte nur noch das Kreischen vor lauter Freude. Ich half ihm beim Abtrocknen und Anziehen, dann beim Verbinden der Füße. Viele Worte waren nicht nötig, hier war weniger mehr.

Als alles getan war, betrachtete ich ihn. Er sah aus wie ein anderer Mensch. Es machte mir so viel Freude, ihn anzusehen. Als seine Frau hereinkam, stellte auch sie sofort fest, dass etwas anders war. Er stand vor dem Spiegel und kämmte sich sorgfältig. Das hatte einen jungenhaften Charme, was seine Frau gleich veranlasste, mit ihm zu schäkern. In diesem Moment waren beide glücklich. Das war ein tolles Erlebnis, diese Wandlung von depressiv verstimmt zu

fröhlich gelöst zu erleben.
Und so ganz ohne Aufwand! Ich hoffe, er behält die Lebensfreude noch etwas bei. Es ist was Tolles, einen alten Menschen so lachen zu sehen.

Wenn die Tauben fliegen

Ein weiterer Patient von mir war ein alter Herr. Groß, hager, imposant. Er lebte in einer Wohnung am Ortsrand und blickte auf ein Naturschutzgebiet. Das erwähnte er mit Freude in der Stimme und ich wusste, dieser Mann liebte die Natur. Er lebte allein, die Frau war verstorben. Seine Söhne, drei an der Zahl, waren durch ihre Berufe im Land verteilt – niemand in der Nähe. Er hatte sich eingerichtet. Bei ihm hatten wir nicht viel Arbeit – lediglich seien Medikamente für eine Woche zu richten. Wenn Tabletten zur Neige gingen, besorgte er sie selbst bei seinem Arzt. Er fuhr mit dem Fahrrad, weil das Laufen beschwerlicher für ihn war. Nicht ganz ungefährlich, denn er hörte schon ziemlich schwer. Doch sein Wunsch nach Selbstständigkeit war groß und er nutzte seine Möglichkeiten.

Wenn ich bei ihm in der Küche saß, und er am gleichen Tisch Zeitung las, hatte ich immer das Gefühl, mit einem sanften Menschen zu sitzen, der in sich ruht. Wenn er von seinen Beschwerden erzählte, jammerte er nicht. Er zog seinen Arzt zurate und tat, was ihm geraten wurde. Alles andere nahm er an, wie es kam.

Er redete wenig über sich, erzählte manchmal von seinen Söhnen, die weit entfernt lebten, doch guten Kontakt zu ihm hatten. Er war stolz auf sie, das war unschwer zu erkennen. Über seine Frau, die schon vor Jahren gestorben war, redete er kaum.

Er war einer dieser Menschen, zu denen man gern geht – ein bisschen lieber als zu anderen.

Eines Tages kamen wir ins Gespräch über seine früheren Tätigkeiten und er führte mich in ein anderes Zimmer, zeigte mir Urkunden und Pokale, die er im Leben erworben hatte. Seine große Liebe waren Brieftauben. Er hatte sie gezüchtet und viele Preise errungen. Während er redete, kam er ins Schwärmen und seine Augen leuchteten. Ich war still während seiner Wande-

rung in die Vergangenheit … und nachdenklich. Ganz ohne Zweifel hatte dieser Mann ein erfülltes Leben. Die Erinnerung erwärmte sein Herz. Die Fotos und Pokale waren stumme Zeugen eines glücklichen Lebens. Er war dankbar und nicht verbittert. Wir hatten beide ein paar sehr angenehme Minuten, die schließlich durch meine Verabschiedung beendet wurden.
Eines Tages fehlte er auf meiner Auftragsliste. Ich erfuhr, dass er gestorben war.

Schweigepflicht und Vertrauen

Mit meinem kleinen Auto, das sehr wendig und gut zu parken ist, fahre ich jeden Tag eine bestimmte Tour. Sie ist wie jede unserer Touren benannt mit Buchstaben und Nummern. Meine führt durch die umliegenden Orte. Mittags ist die Tour zu wechselnden Zeiten zu Ende, denn die Zahl der Klienten variiert täglich.

Zuerst bekommen Patienten Kompressionsstrümpfe angezogen, einigen wird Insulin gespritzt oder/und es werden Medikamente gereicht. Der Arzt verordnet die medizinischen Tätigkeiten, die wir ausführen.

Unser Leistungsspektrum ist vielfältig. Es beinhaltet viele pflegerische Tätigkeiten, welche jeder Klient oder dessen Familie bestimmt nach einer ausführlichen Fachberatung. Wünsche werden erfragt, Grenzen abgezeichnet und der finanzielle Rahmen – so entsteht ein Pflegevertrag.

Jede Tätigkeit hat ihren Zeitumfang, der ungefähr einzuhalten ist. Das ist der Rahmen für die Plangestaltung. Doch natürlich erlaubt er eine gewisse Flexibilität.

Wenn ich spüre, dass ein Klient Zeit benötigt, um zu reden oder andere Befindlichkeiten klären will, räume ich ihm diese Zeit ein. Beim Verlassen des Klienten möchte ich das Gefühl haben, dass er mental stabil ist für die nächste Zeit.

In der täglichen Arbeit mit den Klienten kommt es zu einer gewissen Vertrautheit. Mit der Pflegekraft, die immer wieder ins Haus kommt, kann es mit der Zeit zu vertraulichen Gesprächen kommen. Häufig schütten Klienten ihr Herz aus, eben weil wir nicht zu eng an den Klienten gebunden sind und so mehr Abstand haben als Familienangehörige. Probleme und intime Nöte können oft gut besprochen werden, weil die Gefühle außen vor bleiben bei professionellem Umgang. Zudem sorgt die Schweigepflicht dafür, dass kein Wort, das gesprochen wurde, den Raum verlässt. Auch gebietet der Anstand, Klientengespräche nicht hinaus in die Öffentlich-

keit zu tragen, zu anderen Privatpersonen oder auch nur zu Familienangehörigen.
„Der geschlossene Kreis" ist sehr ernst zu nehmen. Er umfasst nur Personen, die der Schweigepflicht unterliegen und dem Gesprächspartner.
Auch wenn sich manchmal der Gedanke aufdrängt, dass die Tochter, der Sohn oder der Partner besser Kenntnis vom Inhalt des Gesprächs haben sollten, bleibt die Entscheidung bei dem Klienten.

Es sind die Lebensgeschichten, die sich im Laufe des Lebens einfach ereignen. Aufregend, anrührend und schön, oft aber auch schmerzlich und brutal. Mitunter frage ich mich: Wie kann ein Mensch so was aushalten? Geschichten von Mut und Verzweiflung, Hilflosigkeit und Menschlichkeit beeindrucken mich ebenso wie der nackte Kampf ums Dasein. Kriegs- und Nachkriegsgeschichten, Schicksale, die heute nicht mehr vorstellbar sind.
Gespräche, die sich etwa bei der morgend-

lichen Toilette oder einer Injektion einfach so entwickeln, können lange nachwirken. Sie gehen einem nicht aus dem Kopf. Sie sind ein Produkt von Vertrauen und dem Bedürfnis, sich mitzuteilen. Tatsächlich tritt die eigentliche Tätigkeit manchmal in den Hintergrund. Der tiefere Sinn ist die Begegnung, der Austausch. Das ist therapeutisch sehr wertvoll und wirkungsvoll für beide Seiten.
Es setzt ein gutes Bauchgefühl voraus, als Pflegekraft zu spüren, wann ein Klient Nähe und Verständnis benötigt und damit Zeit. Leider gehört dies nicht zu den gebuchten Leistungen, was bedeutet, dass eine Pflegekraft die Fähigkeit besitzen sollte, die benötigte Zeit über die tägliche Tour zu kompensieren.

Fazit: Reden ist sehr wichtig für jede Pflegekraft, aber zuhören noch mehr!
Zeit für wichtige Gespräche sollte genommen werden, wenn es notwendig erscheint. Es geht nicht um verlorene Minuten einer

„teuren“ Pflegekraft, sondern um ein Berufsbild, das menschlich, anspruchsvoll und befriedigend ist. Das gibt uns das Gefühl von Geben UND Nehmen und sorgt dafür, dass eine gewisse Ausgewogenheit herrscht, die zufrieden und nicht krank macht.